KB201442

사랑하는 나의 하나님

계은덕 지음

신교횃불

사랑하는 나의 하나님

2024년 4월 1일 초판 1쇄 발행

지 은 이 계은덕

발 행 처 선교햇불

디 자 인 디자인이츠

등 록 일 1999년 9월 21일 제54호

등록주소 서울시 송파구 백제고분로 27길 12(삼전동)

전   화 (02) 2203-2739

팩   스 (02) 2203-2738

이 메 일 ccm2you@gmail.com

홈페이지 www.ccm2u.com

사랑하는 나의 하나님

계은덕 지음

오정현 목사(사랑의교회 담임)

저자는 신실한 목회자인 계지영 목사님의 사모님이자 수많은 젊은이들을 키워낸 영적 거장입니다. 미국의 명문인 USC에서 의과대학 교수로 훌륭한 의사들을 많이 키워낸 보배와 같은 계은덕 사모님의 고백이 담긴 이 책은 예수님의 눈동자와 마주친 한 사람의 사랑 그 자체입니다. 저자의 고백은 '죽음'이라는 단어를 추상명사가 아닌 고유명사로 경험하게 된 때에도, "사망의 음침한 골짜기"도 "쉴만한 물가", "푸른 초장"으로 바꾸는 참된 평화가 있음을 깨닫게 합니다. 회고적이며 동시에 현재적인 저자의 고백을 통해 삶이라는 순례의 여정에서 하나님이 주신 모든 것에 '감사'를, 하나님 앞에서 발견한 연약함에 '겸손'을, 하나님의 뜻을 기다리는 시간에 천국으로의 귀향을 시작하는 '기쁨'을 발견하게 될 것입니다.

이돈하 목사(오레곤벧엘교회 담임목사)

계은덕 사모님이 은퇴지를 포틀랜드로 결정하시고 벧엘교회에 처음 오신 날부터 지금까지 사모님은 가장 큰 하나님의 선물로 여겨집니다.

사모님, 할머니, 교수님... 계은덕 사모님처럼 우리 교회에서 다양한 호칭으로 모든 세대에 사랑받는 분은 드물 겁니다. 사모님이 이렇게 많은 이들에게 사랑받는 것은 보이지 않게 뿌려놓은 사랑의 열매입니다. 추천사를 부탁받으면서 계 사모님의 삶이 저에게도 어떤 교훈을 주신 분인지 되짚어 봅니다.

계은덕 사모님은 성도의 신앙이 하나님 앞에서 마지막까지 어떠해야 하는지 몸소 보여 주신 중인입니다. 사모님은 암 진단을 받으신 날에도 두렵지 않고 하나님 안에 참된 평안을 누리셨다고 고백합니다. 그 주말에도 변함없이 성경 공부를 인도하셨습니다. 죽음에 대한 염려 없이 하나님의 선한 뜻에 모든 것을 맡기고 남은 사명에 집중하셨습니다. 이 책도 인생 끝까지 주님을 위해 최선을 다해 달려가시는 사모님의 삶이 빚어낸 아름다운 결정체라고 생각됩니다.

또한 사모님은 "행동하는 믿음"이 무엇인지 보여 주셨습니다. 사모님은 깨달은 만큼 반드시 실천하시고 개척자의 정신을 가진 분입니다. 우리 교회 안에 천사팀을 만드셔서 몸이 아픈 교우들을 찾아가 예배를 드리고, 음식을 전달하는 사역을 시작하셨습니다. 환경 미화팀을 조직해서 교회의 구석진 곳까지 깨끗이 청소해 주셨습니다. 또 독거노인을 찾아가 장을 봐 드리고 전화와 카드로 안부를 묻는 다정한 친구가 되어 주셨습니다.

사모님은 혈육의 자녀가 없는 분입니다. 하지만 이런 귀한 믿음의 유산을 많은 이들에게 나누고 계시기에 누구보다 많은 영적인 자녀를 가진 어머니입니다.

한편 사모님은 이런 리더의 모습 뿐만 아니라 소녀같이 순수한 감수성을 갖고 계십니다. 자연과 어린이를 인화지에 담기 좋아하는 사진작가, 손수 만든 카드로 감동을 주시고 넌센스 퀴즈로 웃음보따리를 선사해 주시는 해맑은 영혼의 소유자입니다.

계 사모님이 두 교우님과 함께 부른 주일예배 특송을 잊을 수 없습니다.

"귀하신 주여 날 붙드사 날마다 주께로 더 가까이.... 나 사는 동안 주께 경배해"

이 가사 안에 계 사모님의 평생 소원이 집약된 것을 느낍니다. 찬양의 가사가 아름다운 스토리가 되어 책 안에 가득 담겨 있습니다. 이 책을 읽는 모든분들이 사모님의 찬양의 고백을 계속 이어가기를 소망합니다.

박지향 (서울대학교 역사학부 명예교수/ 동북아역사재단 이사장)

　나의 언니 박은덕(결혼 후 계은덕) 교수는 참 재주가 많은 사람이다. 글도 잘 쓰고 노래도 잘 하고 사진도 잘 찍는다. 그 많은 재능을 가지고 있으면서도 그는 과학자의 길과 목사 사모의 길을 묵묵히 걸어왔다. 나는 언니가 세속적인 사람과 결혼해 살았다면 훨씬 재미있는 삶을 살았으리라 생각했고 조금은 아쉬워했다. 그러나 이 책이 밝히고 있듯 그는 어렵고 아픈 사람들과 함께 아파하고 그들을 돕는 것을 재미있는 삶보다 중히 여기는 고귀한 선택을 했고 그 선택은 생의 말년에 이른 지금 옳았던 것으로 판명된다.

　넉넉지 않은 집안에서 태어난 우리 자매들은 아들 못 낳으신 부모님의 한을 풀어드려야 한다는 내재된 목표를 안고 열심히 공부했고, 그 결과 자매들 대부분이 우리나라 최고 학력을 자랑하게 되었다. 자식을 늦게 본 때문에 우리가 학창 시절에 접어들었을 때 이미 노년기에 도달하신 부모님은 오로지 우리가 공부를 잘하는 게 소원이셨다. 이 책에서 언니가 설명하고 있듯, 아버지는 매일 밤 긴 기도로 간구하셨다.

　한편 어머니는 당신이 이루지 못한 꿈을 딸들이 펼쳐 주길 바라셨던 것 같다. 완고한 양반댁에서 태어난 어머니는 딸에게 공부를 시키지 않으려는 부모님을 거역하고 충청도에서 평양까지 야반 도주를 하셔서 정의여학교에 입학하셨고 고학으로 학업을 마치셨다. 왜 하필 평양이었냐고 여쭈니 서울로 가면 금방 찾을 것 같아서 평양까지 갔다고 답하셨다. 당시 최고 명문이던 경성사범학교에 진학하려 준비 중이던 어머니는 드디어 딸의 소재를 발견하신 외할아버지의 엄명으로 찾아온 외삼촌에게 붙잡혀 집으로 끌려오셨다고 한다. 집에서도 가만히 계시지 않고 어머니는 산을 넘어 이웃 마을에 가서 아이들을 가르치셨다고 했다. 나중에야 그런 이야기를 어머니에게 들은 나는 내가 잘난 게 아니라 아버지의 기도와 어머니의 의지를 통해 서울대학교 교수 자리에 오게 되었음을 깨달았다.

2016년에 언니가 유방암이라는 소식을 들었을 때 무척 놀랐지만 그 병은 얼마든지 치유 가능한 병이어서 크게 걱정하지는 않았다. 그러나 작년에 들이닥친 소식은 절망적이었다. 담도암이라니, 그 무서운 담도암이라니. 그때부터 여기저기 의사들 유튜브를 찾아보고 구글을 검색하고 나서 알게 된 사실은 역시 무척이나 힘든 병이구나 하는 것이었다. 그러면서 차분히 생각을 정리하자는 마음이 들었다. 죽음을 맞이하는 자세를 정리해야겠다는 생각. 나 자신 대학에서 정년을 하고 난 후 줄곧 생각하던 주제다.

나는 언니에게 긴 이메일을 보냈다. 이제껏 이룰 것 다 이루고 만족할 만한 삶을 살았으니 언제고 평안하게 떠날 준비를 하라고. 그 말은 나 자신에게 한 말이기도 했다. 언니의 답도 비슷했다. 언니는 그동안의 삶을 고맙게 생각하고 어떤 일이 일어나더라도 하나님의 뜻으로 알고 따르겠다는 확실한 믿음을 가지고 있었다. 아직 그런 경지를 알지 못하는 나로선 그 평안함이 부럽다.

미국 유학을 떠난 1978년 여름에 LA에서 7년 만에 언니를 만났다. 나는 뉴욕에 있었지만 거의 9년에 이르는 미국 생활에서 자주 언니를 보러 갔고 귀국한 후에도 언니가 한국에 와 있는 동안에 자주 만났다. 이 책에 수록된 사진들 가운데 많은 수가 내가 동행한 여행에서 찍은 것이다. 특히 어느 겨울날 새벽, 일출을 찍기 위해 매서운 추위 속에서 떠오르는 해를 기다리던 자이언 국립공원을 기억한다. 요세미티의 텐트에 들어와 우리가 남긴 피스타치오를 까먹던 다람쥐, 전라도 대원사 입구의 환상적인 벚꽃 길, 백양사의 가을 단풍 등 함께 한 기억이 너무 많다.

언니가 더 이상 이 세상에 존재하지 않는다면 무척 슬플 것이다. 그렇지만 좋은 곳에서 편안하게 존재함을 알기에 슬픔은 덜할 것이다. 물론 우리가 바치는 가장 절실한 기도는 하나님께서 치유의 기적을 주시어 언니가 오랫동안 우리 곁에 있는 것이다. 오늘도 그 기도를 바친다. 이 책이 언니를 알고 언니를 사랑한 많은 분들에게 평안을 주기를 바란다.

2024년 3월 10일

오종숙 (CEO, JSO Partners)

교수님께서 보내주신 책자는 처음부터 끝까지 손에서 내려놓지 못하고 읽었습니다. 일부 이야기들은 제가 알고 있는 이야기들이었지만 여전히 재미 있어서 단숨에 읽어 내려갔습니다.

근래의 소식들은 가슴을 졸이며 조심스럽게 읽어 나갔는데, 제 우려와 달리, 교수님은 제게 존경하는 멘토요, 사랑하는 믿음의 자매요, 하나님의 걸작품임을 확인 할 수 있었습니다. 책을 통해서 교수님이 결핵도 앓고, 유방암 치료도 받고, 짧은 수술이었지만 피부암등 이번 담도암 말고도 병력이 많았음을 발견했습니다.

지난 20여년간 교수님과 나눈 교제의 연륜을 통해 하나님께서 얼마나 교수님을 특별한 애정으로 빚어 내시는 걸작품 인가를 발견했습니다. 마치 조각가 미켈란젤로의 걸작품 다윗상을 연상시키는 분입니다. 거대한 돌덩이에서 다윗상 masterpiece가 나오기 까지 얼마나 많은 chiseling과 다듬기가 있었을 지 생각할 때, 하나님의 사랑이 십자가 피흘림으로 대속하신 구원을 넘어 거룩하고 흠이 없는, 그래서 주님의 성품에 온전히 참여한 masterpiece로 교수님을 성화시켜 가시는지 깨달으며 환희를 느꼈습니다.

쓰신 글 '태산을 넘는자의 고백'에는 하나님께서 미소하며 들려주신 말씀이 기록되어 있었습니다. "내가 네게 놀라운 선물을 준비했지. I have a surprise for you." 7년전에 받은 말씀이었는데, 하나님께서는 당신의 피조물 계은덕 교수와 영의 대화를 나누셨더군요. 암을 통해 가장 깨끗한 영으로 하나님 앞에 진실한 시간을 살게 하셨다고 고백하셨는데, 저의 개인적인 암 투병을 통해 얼마나 깊이 공감할 수 있는 고백인지 가슴에 와서 깊이 닿았습니다.

2017년말 12월에 저 역시 치료수단이 거의 없는 간암을 선고 받았고 2023년 1월에 교수님이 받은 담도암도 참 암담한 선고였습니다. 교수님의 고백처럼 우리들은 하나님의 자녀들로 특별한 사랑으로 복을 누리는 자들이라 생각합니다. 암은 우리들을 강력한 힘으로 하나님께 몰아 붙였기 때문입니다. 육신의 질병을 통해 하나님은 우리 영육의 모든 세포들을 깨우시고 우리안에 깨끗한 영을 사모하게 하셨습니다. 교수님께서 그 어려운 항암과 그에 따른 부작용들을 끓어안고, 또 정기적으로 교체해야 하는 stent시술까지 받으면서도 영혼의 글을 써나갈 수 있었던 것은 하나님께서 허락한 힘 없이는 불가능한 일이었다고 생각하며 놀램을 금할 수가 없습니다.

제가 암수술을 받으러 병원에 입원할 때 카드 한박스와 우표를 준비해서 들어 갔었습니다. 제 마음에는 모처럼 조용한 시간, 쉬는 시간을 받았으니 그 동안 소식을 나누지 못한 친지들께 안부하겠다는 의도였지요. 그러나 수술 뒤에 말할 기운도, 손가락 움직일 기운도 없음을 경험했던 저로서는 교수님의 글들은 초인적인 힘이라고 느낄 수 밖에 없습니다.

2023년 내내 교수님을 위해 눈물로 기도하고 있었는데, 시간이 가며 기도가 감사와 기쁨의 기도로 바뀌어 가고 있습니다. 암은 교수님을 이기지 못했습니다. 하나님의 방패는 교수님을 더욱 깨끗하게 하시고, 진실하게 하시며 당신의 눈을 땅의 것들에서 하나님의 나라로 촛점을 맞추게 하셨습니다. 암이 아니었으면 맛볼 수 없었던 강같은 평화를 맛보게 하셨습니다. 2023년을 마감하며 쓴 고백처럼 죽음과 친해졌고, 천국과 가까이 다가갔으며 삶을 매우 단순히 바라볼 수 있게 되었다는 고백에 저도 아멘으로 화답했습니다. 2024년을 하나님께서 이미 약속하신대로 Surprise로 인도해 나가심을 믿으며 여전히 감사 기도를 드리고 있습니다.

롬 8:37 그러나 이 모든 일에 우리를 사랑하시는 이로 말미암아 우리가 넉넉히 이기느니라 37 No, in all these things we are more than conquerors through him who loved us.

존경과 사랑을 담아 미약한 글을 부칩니다.

차 례

1

말기암과 함께 묵상하는
시편 23편

2023년 12월 8일 (2023년을 되돌아보며 쓴 글)

76년을 살아오며 2023년은 내게 참으로 뜻밖의 삶을 살게 해주었다. 년초에 암으로 시작해서 항암을 받고, 혹씨 수술로 암을 제거할 수 있을까 하여 연세대 강남세브란스 병원에 갔었지만 수술대에서 의사의 결정으로 수술 불가의 판정을 받고 다시 포트랜드 집으로 돌아와, 죽음에 가까운 3주간의 세월을 보낸 후 다시 항암을 시작했다.

년초, 하나님은 내게 '평화 (Peace)'라는 귀한 선물을 주서서 2023년을 사는 내내, 난 죽음과 친해졌고 천국에 가까이 다가갔으며, 삶을 매우 단순히 바라볼 수 있게 되었다.

아프기 전 75년을 돌아보니, 하고 싶었던 많은 일들을 이루었다. 하고 싶었던 연구와 공부를 했고 명예교수로 은퇴했다. 대학교수였기에 일년에도 서너번씩 미국과 세계로 학회 참석차 여행을 했고, 사진을 배워 여행을 즐겼고, 친붙이만큼 가까운 믿음의 친구들과 평생을 함께 했다. 이렇게 귀한 삶을 허락하신 하나님께 감사하며 살아왔지만, '그 감사'는 이제 와 보니, 진실함이 살짝 결여된 형식적인 것이 아니었나 싶기도 하다. 그러나 '암 진단'을 받았을 때, 난 진정 감사한 마음으로 죽음을 바라보았고 하나님께서 주신 '평화'는 늘 내 영혼을 강건케했다.

사람들이 '암'을 두려워하는 이유는 암에서 죽음까지 이르는 힘든 과정 때문이다. 나역시 그것때문에 암을 두려워 했었는데 암을 앓다 보니 '그 과정'은 생각보다 견딜만하다. 나역시 너무 힘들어 2-3주 침대에서 일어나지 못했던 시간들이 자주 있었다. pain때문이기도 하고 그저 체력이 바닥을 쳐서 일어나 앉을 기운이 없어서였다. 그러나 늘 다시 일어설 수 있었음은 나를 위해 애태우는 남편과 동생들과 친구들과 친지들의 사랑이 내게 힘을 주었고, 그것은 하나님이 함께 하신 사랑의 역사임을 알기에 그저 감사할 따름이다.

  암으로 2023년을 보내는 동안 나를 사랑하는 사람들이 베풀어주신 사랑의 수고에 감사한다. 비록 내 몸은 사망의 음침한 골짜기를 지날지라도 내 영혼은 그들의 기도를 통해 하나님의 사랑 안에서 평온했고 감사했다. 그래서 암이라는 골리앗을 대면하며 다윗의 믿음을 묵상한다.

시편 23편

¹ 여호와는 나의 목자시니 내게 부족함이 없으리로다.
² 그가 나를 푸른 풀밭에 누이시며 쉴 만한 물 가로 인도하시는도다.
³ 내 영혼을 소생시키시고 자기 이름을 위하여
의의 길로 인도하시는도다.
⁴ 내가 사망의 음침한 골짜기로 다닐지라도
해를 두려워하지 않을 것은 주께서 나와 함께 하심이라
주의 지팡이와 막대기가 나를 안위하시나이다.
⁵ 주께서 내 원수의 목전에서 내게 상을 차려 주시고
기름을 내 머리에 부으셨으니 내 잔이 넘치나이다.
⁶ 내 평생에 선하심과 인자하심이 반드시 나를 따르리니
내가 여호와의 집에 영원히 살리로다.

The Lord is my shepherd, I lack nothing.
He makes me lie down in green pasture,
He leads me beside quiet waters.
He refreshes my soul.
He guides me along the right paths for his name's sake.
Even though I walk through the darkest valley,
I will fear no evil, for you are with me; your rod and your staff,
they comfort me. You prepare a table before me
in the presence of my enemies.
You anoint my head with oil; my cup overflows.
Surely your goodness and love will follow me all the days of my
life, and I will dwell in the house of the Lord forever.

시편 23편 1절
여호와는 나의 목자시니 내게 부족함이 없으리로다.

다윗의 시들은 구성이 거의 같다. 그는 먼저 하나님을 찬양한 다음 심각한 자기 문제를 절실하게 하나님께 낱낱이 호소한다. 현재의 고난과 비슷했던 과거의 고난을 되새김질하며 그것을 해결해주신 하나님을 기억한다. 비록 현재의 문제는 해결되지 않았지만 결국 과거에 자기를 도우신 하나님의 자비와 사랑을 기억하며 찬송과 감사로 시를 끝낸다. 하여 다윗의 시들은 거의 같은 형식으로 쓰여졌다. 시편 23편은 다윗의 시편의 대표작이다.

다윗은 먼저 선포한다. 여호와는 자기의 목자이시기에 자기의 삶에서 부족함은 전혀 없다고 말이다. 어떻게 그는 그런 선포를 할 수 있었을까? 다윗의 생애를 훑어보면 그가 왕이 되기 전과 후, 그의 생애는 온갖 고난과 역경의 연속이었다. 그때마다 그는 하나님께 자기 사정을 낱낱이 아뢰고 하나님의 자비를 구하며 기도했다. 기도드리며 그는 하나님이 이번에도 자기를 사망의 음침한 골짜기에서 건져주실 것을 확신하기에 하나님께 찬양드리며 기도를 마친다. 그의 결론은 '여호와는 나의 목자' 이시기에 그의 삶에서 '부족함이 전혀 없다'이다. 이 시점에서 나는 스스로에게 '여호와는 나의 목자이기에 부족함이 전혀 없다고 확신하며 살아왔을까?' 라고 물었다. 물론 그렇게 믿으며 이제껏 살아왔지만, 과연 일생 그래왔을까? 정직한 답은 '아니다' 인 것 같다.

한국 전쟁을 거친 우리 민족은 모두 절대 가난을 함께 직면했다. 우리 집도 옆집 사람들처럼 가난했었다. 더구나 내가 고등학교 1학년 때 아버지는 환갑을 맞으셨다. 아들 위주의 사회에서 딸만 키우시는 아버지는 딸들을 하나님께 맡기는 기도를 밤마다 무릎 끓고 1시간 이상씩 하셨다.

여자라도 공부해서 대학 교수가 되기를 바라시는 아버지의 절실한 소원을 알기에 치과대학을 졸업하자 마자 나는 미국에서 공부했고 결국은 대학 교수로 은퇴했다. 그러나 암에 걸리기 전까지는 절실한 마음으로 '여호와는 나의 목자이시기에 내게 부족함이 없다'라는 다윗의 고백을 체험하지 못했다.

그런데, 2023년 1월, 나는 담도암을 진단받았다. 그러자 시편 23편에서 외치는 "여호와는 나의 목자" 그래서 "나는 아무것도 염려하지 않는다."라는 다윗의 고백을 드디어 그와 같은 강도로 이해할 수 있었다. 시편 23편 1절의 외침은 죽음 앞에 서 보아야만 할 수 있는 고백이다. 지난 1년 동안의 투병 과정을 거치며 나는 다윗처럼 사망의 음침한 골짜기도 지났고 또 앞으로도 죽음에 가까운 시간도 있을 것이다. 하여 나는 여호와가 나의 목자이시며 아버지이시기에 그분을 신뢰하는 믿음을 키우고 있다. 암을 앓기 전의 75년 생애는 어떤 의미에서 하나님의 뜻보다는 주로 내 뜻을 이루어주시기를 간구했다. 그러니까 기도의 대부분은 "제게 이런 문제가 있는데, 주님, 이렇게 해주세요."였다. 그러나 2023년 드디어 나는 다윗처럼 죽음 앞에 서서 하나님만 신뢰하는 삶을 살 수 있었다. 그래서 '여호와는 나의 목자시니 내게 부족함이 없으리로다'라는 고백을 한다.

그가 나를 푸른 풀밭에 누이시며
쉴 만한 물 가로 인도하시는도다.

다윗의 고백은 놀랍다. 사울왕에게 쫓겼던 세월은 결코 짧은 시간이 아니었고 그는 생존하기 위해 온갖 고난의 숲을 헤쳐 나가야 했다. 동시에 자기와 함께 하는 수많은 사람들의 생명까지 지켜내야 했었다. 그런데도 그의 결론은 하나님은 결국 그에게 쉼을 허락하는 물 가와 자기의 상한 육체를 회복시키시기 위해 푸른 풀밭에 누이셨다고 서술한다. 나는 시편 23편을 묵상하며 하나님이 우리를 회복하시는 순서를 알게 되었다. 하나님은 먼저 역경과 고난의 세월을 거치며 지치고 깨진 우리의 육체의 소진함부터 회복시키신다. 부서지고 약해진 우리의 육체는 드디어 푸른 풀밭에 누워 흰 구름이 흐르는 푸른 하늘을 평안한 마음으로 바라본다. 대기를 흐르는 부드러운 바람은 허약해진 우리 몸을 감싸며 회복시킨다. 심한 갈증 또한 마실 물로 회복한다.

나는 아직 다윗이 맛본 육체의 회복을 맛보지 못했다. 현재 나의 육체는 항암의 부작용으로 몇가지 심한 증상을 겪고 있다. 첫째, 심한 변비; 항암 주사를 맞을 때마다 같이 먹는 구토 방지제는 아주 강렬하게 구토를 방지해주었으나, 동시에 심한 변비를 유발한다. 하여 변비 방지약을 먹는데, 그게 또 다른 증상을 유발한다. 아랫배가 뒤틀리며 심하게 아프다. 둘째, 심각한 식욕 부진. 내게 구역질과 구토는 없지만 동시에 먹을 수 있는 음식 또한 거의 없다. 내 입에서 거부하는 음식들은 대부분 달거나 짠 한국 음식들이고 모든 과일과 야채를 항암 시작 후부터 약 반년 동안 먹지 못했다. 먹지를 못하니 몸의 근육이 다 사라졌고 몸은 뼈에 가죽만 덮은 몰골이 되었다. 그런 내가 애처로웠던 한 친지가 보내준 곡물 가루와 야채 가루로 몇달동안 연명하기도 했다. 지금도 식사 시간은 내게 곤욕의 시간이다. 셋째, neuropathy, 1차 항암 치료 때 썼던 항암제가 유발한 부작용인데 두 발이 저리고 찌릿찌릿하고 종아리는 뻣뻣한 막대기가 된다. 이 증상은 하루 24시간 내내 지속된다. 더욱이 이 증상은 두 발로 균형을 잡으며 설 수 있는 기능을 막기에 쉽게 쓰러지며 넘어진다. 그것이 올 5월부터 시작해 지금까지 계속되고 있다. 이렇게 나의 육체는 아직도 다윗이 도착한 푸른 풀밭과 잔잔한 물가에 당도하지 못하고 있다.

시편 23편 3절
내 영혼을 소생시키시고
자기 이름을 위하여 의의 길로 인도하시는도다.

힘들었던 역경을 거쳐 드디어 위로받고 회복된 육체를 가지고, 다윗은 육체 회복 다음 단계로 인도하시는 하나님을 만난다. 즉 영혼이 소생되어서 자기를 위해 계획하신 하나님의 뜻을 따라 의의 길로 걷는다. 그리고 다윗은 의의 길로 걸어야 하는 이유를 직감적으로 알게 된다. 그래서 그는 온전히 하나님의 이름을 위해 살았다.

다윗과 달리 나는 아직 육체의 소생, 즉 암으로부터 회복되지 못했다. 그러나 하나님은 육체의 소생 이전에 내 영혼부터 강건케 하셨다. 2023년 1월 초, 병원에서 집으로 돌아오는 차 안이었다. 그때 갑작이, "아, 이 병때문에 내가 죽을 수도 있겠구나" 라는 생각이 들었다. 그리고 동시에 내 영혼에 말할 수 없는 평화가 임했다. 죽음과 평화를 동시에 느끼자 이 두 감정은 하나님이 내게 주신 선물이라는 것도 알게 되었다. 그후 그 평화는 나를 떠난 적이 없었고 지금도 그 평화는 나를 지탱해주고 있다.

2월 말경 나는 정확한 진단을 위해 3일 내내 병원에 가야했었다. 암의사를 만나고 집으로 돌아오는 길에 우리 동네에서는 매우 드문 겨울 눈보라가 치기 시작했다. 프리웨이는 꽉 잠겼고 우리는 한 시간 걸려 겨우 1마일을 진전했다. 병원에서 우리집은 보통 40분이면 충분한 거리였는데 그날 밤 우리는 4시간에 걸쳐 간신히 집에 도착했다. 그렇게 눈보라와 함께 담도암은 내게 착륙했고 그렇게 나의 암 투병은 시작되었다.

올해도 성탄 카드를 일찍암치 보냈다. 기도하며 나를 걱정하시는 친지들에게, "하나님의 은혜로 나 아직 살아 있어요."라는 소식을 보냈다. 며칠 후 놀랍게도 "사모님은 저에게 하나님의 사랑을 알게 한 분이세요" 라고 써 있는 성탄 카드를 받았다. 인공심장을 하고 힘겨운 삶을 사는 L집사님의 카드였다. 지난 10년의 세월 동안 그분은 하나님의 사랑을 진정으로 체험하며 살게 되었고 그것이 내 보살핌 때문이라고 알려주었다. 이 카드를 보고 남편이 "당신은 이제 죽어도 좋겠네" 한다. 내가 죽으면 어떻게 남은 삶을 살아낼까 걱정하며 '죽음'이라는 말을 입 밖에 내기조차 두려워했던 남편이 죽음이라는 자기의 금기어를 스스럼없이 말한다. L집사님의 카드는 "아직 네가 고난의 과정에 있지만 잠시나마 쉴 수 있는 푸른 풀밭을 허락한다."라는 하나님의 은혜의 말씀으로 받아들였다.

[시편 23편 4절]
**내가 사망의 음침한 골짜기로 다닐지라도
해를 두려워하지 않을 것은 주께서 나와 함께 하심이라
주의 지팡이와 막대기가 나를 안위하시나이다.**

지도자로써의 막대한 책임감을 가지고 수없이 많은 험한 골짜기를 헤쳐나가야 했던 다윗은, 두려워하지 않았다고 그리고 두려워하지 않을 것이라고 고백한다. 그 이유는 지팡이와 막대기를 가지신 주님이 그와 함께 걷고 계심을 그는 숨쉬는 순간마다 확인하며 주님과 함께 자기 앞에 펼쳐진 사망의 늪을 헤쳐나갔기 때문이란다. 잘못한 일 없이 사울의 시기심과 열등감 (못난 자아)로 인하여 남쪽 이스라엘의 황무지를 거처삼아 숨고 피하고의 숨바꼭질을 해야만 했던 다윗; 왕이 된 후에는 반역을 꾀했던 아들 압살롬을 피해 급히 예루살렘에서 도망가야 했었던 다윗. 그는 그 피난길에서도 누워 잤다고 시편 3편에 서술한다. 자기를 붙드시고 도우시는 하나님의 지팡이와 막대기 때문에 그는 피난길에서도 단잠을 잘 수 있었다.

내가 겪은 사망의 골짜기는 모든 암환자가 겪어야 한다. 항암을 받고 집에 오면 그날로부터 약 5-6일은 항암제의 위력에 사로잡혀서 아무것도 먹지 못하고 침대에서 끙끙 앓게 된다. 더구나 식욕을 완전히 잃어 전혀 먹을 수 없다. 다행히 구토는 하지 않았지만 반면에 구토 방지제의 횡포로 인해 심한 변비로 3-4일을 지내야 했다. 암환자마다 다 항암제에 대한 반응은 다르지만 난 항암 후 일주일동안 먹지못하고 변비와 싸우며 끙끙 앓는다. 먹지 못하기에 살과 근육은 내 몸에서 완전히 사라졌고 기력이 없어 쉽게 쓰러지고 너머졌다. 이것이 암이 준 음침한 골짜기다. 이쯤되면 신경이 예민해져서 나를 돕는 남편에게도 신경질을 부린다. 남편은 주로 먹으라고 잔소리를 하고, 나는 목에서부터 막는 음식 거부중으로 죽기 아니면 까무라치기로 간신히 먹다가 남편에게 신경질을 낸다. 먹어야 함을 나도 알지만 그것이 내 맘대로 되지 않기에 자꾸 먹으라고 이것저것 음식을 내 앞에 가져다 줄 때, 난, 남편에게 신경질을 내게 된다. 지금도 거의 모든 음식이 내게 거부 반응을 일으킨다. 하여 의사의 도움으로 식욕 촉진제를 먹고 간신히 하루에 필요한 기초대사량을 먹으려고 노력한다. 이렇게 나는 아직도 사망의 음침한 골짜기에서 힘들게 연명하고 있는 것이다. 그래도 내 속에 있는 하나님이 주신 평화때문에 암에 대한 두려움은 없다.

[시편 23편 5절]
**주께서 내 원수의 목전에서 내게 상을 차려 주시고
기름을 내 머리에 부으셨으니 내 잔이 넘치나이다.**

　마침내 다윗은 사울이 죽은 후 먼저 남부 예루살렘 지역에서 유대의 왕으로 7년을 보내고 나머지 부족들까지 다윗을 받아들여 12부족 전체의 왕이 되었다. 그후 다윗은 주위의 가나안 왕국들과 수시로 전쟁을 했고 그때마다 하나님은 그에게 승리를 허락하심으로 원수의 목전에서 그에게 상을 차려주셨다. 다윗의 시편을 읽다 보면 하나님이 그의 삶에서 얼마나 중심에 계신가, 그가 얼마나 하나님을 절실하게 신뢰하는가를 알게 된다. 그는 항상 하나님께 신실했고 비록 큰 죄를 지었다 해도 그는 그것을 마음 다해 회개했다 (밧세바 사건: 강간과 살인). 하나님께서 가만히 계실 수가 없어 그 강간의 결과로 생긴 아기는 일찍 천국으로 옮기셨고 다윗에게는 선지자를 보내 자기의 죄를 회개할 기회를 허락하셨다. 그것이 하나님이 사랑하는 자들에 대한 하나님만의 자비이자 사랑이다.

　내가 암 진단을 받고 일생을 돌아보니 내 생애는 평탄했고 이루고 싶은 많은 일들을 이루며 살아왔음을 알게 되었다. 세계 최빈국이었던 전쟁 후 한국에서 미화 $100을 가지고 미국으로 와서 공부하고 일했던 시절과, 그 후 목표를 향하여 걷는 나를 등 뒤에서 묵묵히 밀어주시는 하나님의 사랑으로 과학자로서의 생애를 마치고 무사히 명예교수로 은퇴할 수 있었다. 그런 내게 주위의 사람들이 이야기해준다. 그 중 남편은 "당신은 내일 죽어도 후회없는 생애를 살았네" 라고 말해주었다. 하고 싶은 공부와 연구, 취미로 배운 사진, 힘든 이웃들 도와주기, 진실한 친구들과의 우정, 동생들과의 추억, 비록 이 일들은 내 원수의 목전에서 하나님이 차려주신 상은 아니지만 내 삶을 인도하신 하나님의 손길이기에 나도 하나님께서 내 머리에 기름을 부어주셨다고 말할 수 있다.

언젠가 내가 암에서 완전히 해방될 때 나는 암이라는 원수의 폭력에서 나를 건지신 하나님을 찬송할 날이 있을 것이라고 생각한다. 그러나 그리 아니하실지라도 나는 하나님을 찬양하고 경배한다.

내 평생에 선하심과 인자하심이 반드시 나를 따르리니
내가 여호와의 집에 영원히 살리로다.

    파란만장한 이야기로 얽힌 자기 일생을 하나하나 세세히 들여다보니 모든 것이 다 하나님의 은혜라는 것을 다윗은 절감한다. 그는 하나님의 사랑을 더 신뢰하며 앞으로의 삶은 온전히 하나님 곁에서, 앞에서, 안에서 살겠다고 결심한다.

    아직 나는 암이라는 사망의 골짜기를 걷고 있지만, 나는 안다. 하나님의 사랑을. 그것도 신실한 사랑. 일생 내 등 뒤에서 신실하게 밀고 계시는 그 사랑. 그래서 나는 하나님의 선하심을 노래할 것이다. 내 이웃들에게 전할 것이다. 이 골짜기에 당당하게 서서.

2

포틀랜드(2014년-2017년)에 정착하며
: 유방암으로 체험했던 이야기

우리의 연수가 칠십이요
(02/18/2017)

올 가을이면 내 나이가 만으로 칠십이 된다. 우리 어머니 세대만 해도 칠십이면 장수했다고 축하할 일이었지만, 이제는 백세 시대로 칠십 가지고는 웬만한 '어르신' 모임에서는 청년 취급을 받는다. 교회에서도 70이라고 식탁에 버티고 앉아 가져다 주는 음식을 먹기에는 너무 젊다.

그러함에도 불구하고, 나의 신체는 칠십이라는 나이를 버거워한다. 작년, 두 개의 암을 겪고 나서 시름시름 손가락 마디 관절에 찌르는 통증이 시작되었다. 처음엔 유방암 치료제인 항호르몬제때문에 생겼는가 싶어서 교회 암 전문의에게 물어보니, 노화 현상이라고 일축해버린다. 워낙 암이라는 태산을 넘었던 몸이라 손가락 마디 관절염은 병으로도 치지 않고 반년을 버티어 왔더니, 이제는 손가락 2개가 번갈아 가며 아프다고 난리다.

유방암 시절, 오하이오주에 있는 친한 신학교 교수님의 신유 기도를 전화를 통해 두번 받았었고 그 후로 몸에 조금이나마 이상이 생기면 내가 직접 아픈 곳에 손을 얹고 신유 기도를 드린다. 이 말은 내 몸에 점점 더 많은 고장이 일어나고 있다는 것이다. 작년 8월부터 시작된 손가락 관절염을 놓고 신유 기도를 여러번 했었지만 별로 차도가 없다. 오늘 토요일 새벽 기도 시간에 다시 한번 하나님께 간구했다.

"주님, 손가락 관절염 고쳐주세요." 했더니,

"가지고 살아라." 1초의 지체없이 답을 주신다.

그리고는 사도 바울을 슬그머니 상기시켜 주신다. 육체의 가시를 가지고 일생 살다가 하나님께 고쳐달라고 기도했던 사도 바울에게 '내 은혜가 네게 족하도다.' 하셨던 주님이 내게도 거의 같은 맥락의 응답을 주신다.

'하나님, 저는 사도바울과 같이 위대한 신앙인이 아니에요.' 해도 '가지고 살아라.' 하신다.

다시 하나님께서 깨우쳐 주신다.

'너에게 이것을 허락하는 이유는 네가 나에게 집중하지 않고 방황할 때 사용할 경고용 육체의 가시다'

이 땅에서의 나의 연수가 얼마인지는 모르지만 적어도 하나님의 집중 보호 아래 있음은 확증된 것이다. 하나님은 이렇게 해서라도 나에게 '겸손'이라는 옷을 계속 입히시는 것이 그분의 계획이라는 것을 알게 해주셨다. '교만'은 내가 일생 살아오며 하나님께로부터 늘 지적받았던 최대 약점이다.

얼마전 방문했던 양로원에 계신 80대 어르신들, 인생의 종착역에서 하나님의 부르심을 기다리고 계시는 모습을 보며 '강건하면 팔십이라도 그 연수의 자랑은 수고와 슬픔뿐이요 신속히 가니 우리가 날아가나이다.'라고 서술된 모세의 시편이 생각나 가슴이 시리도록 아팠다. 수고와 슬픔으로 하루 하루의 삶을 살아내고 있는 그분들의 모습이 결코 낯설지 않음은, 어느새 나도 수고와 슬픔의 시간으로 이동하고 있기 때문이리라.

내 연수가 칠십이 되었으니 이제는 큰 욕심없이 살리라. 한 해씩 살리라. 올 봄, 분홍색 벚꽃을 즐기고, 라벤다 농장에서 보랏빛 라벤다 꽃을 꺾고, 가을이면 햇 사과를 사러 과수원에 가고, 친지들과 차 한잔에 담긴 만남의 시간을 즐기며 한 해씩 살리라. 그리고 그런 사이사이, 나처럼 수고와 슬픔의 세월을 함께 걷고 있는 사람들을 돌보면서 말이다.

살아온 날들-주의 인도하심 따라
(03/17/2017)

　내가 치과 대학을 졸업했던 1972년, 여름 미국 북동부에 위치한 코넷티커트라는 작은 주에 있는 코넷티커트 주립대학교 의과 대학에 박사후과정 (postdoctoral fellow)으로 이 땅에서의 삶을 시작했다. 치과 대학을 졸업했으나 미국에서의 생애는 계속 의과 대학교에서 이어져갔다. 내 첫번째 일이 바로 '콜라젠 (collagen)' 이라는 단백질 연구로 시작했기 때문이다. 콜라젠은 근육, 피부, 뼈의 주성분인 단백질이고, 나를 초대했던 교수는 의사로써 일생 환자를 보는 일이 아니라 연구하는 과학자로 그 분야에서 유명했다. 나로서는 어떤 선택의 여지없이 콜라젠 연구로 나의 긴 과학자로써의 생애를 시작했다. 박사후과정 2년을 마치고 연구자로써 필요한 기초 과학을 공부하기위해 필라델피아에 있는 펜실베니아대학교 의과 대학의 생화학과에서 대학원 과정을 시작했다. 공부하며 병행했던 연구도 콜라젠이었다.

　공부 후 필라델피아에서 남편과 결혼한 후 미대륙을 차로 횡단하여 UCLA 의과 대학 생물학과에 있었던 콜라젠을 연구하는 교수의 연구실에서 콜라젠 연구를 계속했다. 이렇게 콜라젠이라는 단백질은 내 생애에 지대한 영향을 미쳤다. 지금은 화장품에도 들어가고 건강보조제로 만들어져서 팔리고 있지만, 그 당시 콜라젠은 전 세계에서 약 100명 정도의 과학자들이 연구하는 단백질 중의 하나였다. UCLA에서 같은 도시 (LA)에 있는 USC (남가주대학교) 의과 대학으로 옮긴 후 드디어 미국 국립 보건소 (NIH)에서 연구비 (grant)를 받아 1984년 USC 의과 대학교 안과 교수가 되었다. 초창기때 세미나를 하거나 강의를 하면 많이 들었던 질문이 "치과 의사가 어떻게 안과 연구를 하나요?" 답은 간단하다. '콜라젠'.

　USC에서 1984년에 조교수가 되자마자 이듬해 달라스의 빛내리교회로 청빙되어 가는 남편을 따라 가며 나는 텍사스 주립대학교 의과 대학 안과에 조교수로 발령받았다. 쉽게 교수직을 찾을 수 있음은 NIH에서 받고 있는 grant때문이었다. 의과 대학의 순위는 주로 연구비의 액수로 결정되기 때문에 의과 대학에서는 grant가 있는 교수들의 영입을 무조건 환영한다. 남편이 PhD 학위를 끝내기 위해 다시 1988년 LA에 있는 교회로 옮겼고, 나역시 예전에 일했던 USC 의과 대학 안과에 부교수로 임명받아 연구실을 옮겼다. 이때는 학교로부터 start-up fund를 받고, 이사 비용까지 다 받고 옮겼으니 이미 내 career는 안정된 것이었다.

그러자 곧 남편이 한국 포항에 있는 기쁨의 교회 (옛날 이름: 포항북부교회)로부터 청빙을 받고 1991년 한국으로 나갔다. 나는 USC 의대 학장과 안과 주임 교수의 허락하에 한국 연세대에서 부교수 (반년직)로 일할 수 있게 되었다. 그 당시 한국의 의과 대학들은 나같은 외국 대학의 교수들을 겸직으로 영입하는 일을 시도하고 있었다. 그 혜택을 내가 받은 것이다. 그렇게 두 나라에 연구실을 두고 일하다가 미국에 있는 주임 교수에게 "정교수로 승진하고 싶은데, 어떻게 하면 될가요?" 하고 물었다. "한국에서 돌아와 이곳에서 풀타임으로 일해야 한다."라고 대답해준다. 하여, 1997년 10월 초 연세대 안과 주임교수에게 "1997년을 마지막으로 나는 미국으로 돌아갑니다." 통고했다.

돌아온 미국에서 드디어 정교수가 되었고 NIH에서 연구비를 계속 받아 (도합: 28년), 각막 내피 세포로 인하여 야기되는 장님의 기전을 거의 다 밝혀냈다. 요즘 많은 의사들이 거론하는 염증(inflammation)의 기전을 통해 장님이 되는 것을 30년에 걸쳐 규명한 것이다. 2011년 12월에 은퇴하기로 6월에 결정했더니 그 소식이 일본까지 퍼졌나보다. 교토에 있는 유명한 안과 의사, K교수가 나를 초청하여 세미나를 부탁했다. 그해 8월 교토 부립 의과 대학교에서 일생에 걸쳐 밝혀낸 내피 세포로 기인한 장님의 기전에 대해 세미나를 했다. 그날 저녁 함께 식사한 교수들 중에는 각막 내피 세포 연구를 하고 있던 그 교수의 제자들이 있었고, 그들과 K교수는 내게 일본에 와서 일년간 연구 지도를 해달라고 부탁을 해왔다. 그렇게 나는 도시사 대학교에서 교수직을 받아 2012년 2월부터 일년 이개월동안 그들의 연구를 지도했다. 전세계적으로 겪고 있는 안구의 부족 현상때문에 이 젊은 의사들은 각막 내피 세포를 실험실에서 증식하여 환자들을 치료하는 연구를 막 시작했었고, 그들의 연구를 순차적으로 지도할 기초 과학자가 절실했던 시점이었다. 이일은 나도 무척이나 하고 싶었던 임상 연구의 기회를 주었다.

연구를 담당했던 젊은 안과 의사 O교수를 지도하며 새롭게 개발된 치료약과 새로 개발할 치료 방법의 기전을 연구하여 첫 해에 8편의 논문을 발표했다. 더구나 O교수는 따로 training 하지 않은채, 내가 일생 해왔던 방법대로 지도했다. 즉 과제의 목적에 따라 다른 분야에서 알려진 기전을 토대로 상상하게 도전했고, 아직 하지 않은 실험의 결과를 머리에 미리 그려보며 실험을 설계하게 했고, 또 결과를 분석하게 했다.

2013년 3월 내가 떠나오기 전, 그 젊은 아들같은 O교수는 일년만 더 자기를 훈련시켜주면 자기는 일본 안과계에서 가장 능력있는 의사이자 과학자가 될 것이라고 내 어깨에 기대어 꺽꺽 울었다.

2016년 안과 학회를 참석하기 위해 씨애틀에 온김에 그 두 사람이 나를 보러 포트랜드까지 내려왔다. 자연스럽게 연구에 대한 이야기를 하다가 그들이 진행하고 있는 새로운 연구 분야가 은퇴 전에 내가 이미 했었던 분야임을 알게 되자 다시 일년을 와 달라는 부탁을 받았다. 은퇴를 했기에 두달만 가서 도와주겠다고 하고 작년 9월 말에서 12월 초까지 교토 도시사 대학교를 또 다녀왔다. 이번 길에는 석사 과정 학생들의 강의까지 맡아 바쁘게 지냈다.

여기까지 되돌아보니 하나님의 인도하심이 내가 모퉁이를 돌 때마다 함께 하셨음을 알게 되었다. 과학자로 살아오게 하시며 동시에 목회자의 아내로 살게 하셔서 내 성격의 많은 결함들이 조금씩이나마 고침을 받게 하셨던 하나님께 다시 감사한다.

나의 나 된 것은 다 하나님 은혜라. 아멘

십자가를 체험했었던 검사대

(12/08/2015)

인생 나그네 길이 노년기에 들어서면 말로만 들었던, 그래서 남의 이야기로 생각해왔었던 질병들이 슬그머니 고개를 쳐든다. 남자에게는 전립선암이라는 병으로, 여성들에게는 유방암이라는 병의 형태로 문을 두드린다. 해마다 mammogram을 찍어왔다. 포트랜드로 이사오기 전, 작년 6월 남가주에서 정상임을 확인했고, 이번에도 Kaiser에서 년례 행사로 무심히 사진을 찍었다. 당연히 정상일 것으로 생각하고 있었는데 사진을 다시 한번 찍어야한다는 편지를 받았다. 두번째 사진을 찍고 방사선과 의사랑 마주 앉으니, 작년 검사 결과보다 올해 석회화된 곳이 많단다. 그 많아진 석회화 현상이 단순 현상인지, 또는 암을 포함한 병변인지를 알기 위해 조직 검사를 해야 한다는 것이다. 일주일 후 조직 검사를 하도록 예약해 주고 암 수술을 해줄 외과 의사와 예약까지 해주었다. 그 때부터 검사하는 날까지 일주일, 기다림의 시간이 흘렀다.

살다보면 기다려야 할 때가 있다. 고통 속에서 기다릴 때도 있고, 소망 속에서 기다릴 때도 있다. 슬픔을 안고 기다릴 때도 있고, 뜻밖의 기쁨이 오는 소리를 들으며 설레며 기다릴 때도 있다. 그러나, 이번의 기다림은 전혀 다르게 다가왔다. 이 기다림의 시간에서 나의 일생을 되돌아 보았고, 검사 결과에 관계없이 감사할 수 있는 자신을 대면하게 되었다. 삶의 순간 순간마다, 내 삶을 에워싸고 인도해오신 한량없는 하나님의 은혜를 더없이 순수한 마음으로 체험한 것이다.

드디어 조직 검사날, 검사대 위에 엎드렸다. 유방암 검사이기 때문에 검사받아야 할 쪽을 열어놓은 침대에 엎드려 절대로 움직여서는 안된다는 경고를 검사실 테크니션에게 수없이 듣고 자세를 취하니, 온 몸이 불편해진다. 컴퓨터 영상과 조직 검사를 해야할 점들을 일치시키는 작업이 끝나니 손가락 한끝도 움직일 수 없는 처지가 되었다. 검사받으며, 십자가상의 예수님을 그려보았다. 가장 무력한 상태에서 죽으셔야 했던 예수님, 두 손과 두 다리에 못이 박혔으니 흐르는 눈물 한방울조차 닦으실 수 없으셨던 예수님, 창조주하나님이 체험하셔야 했던 인간의 절대 무력함, 십자가 상의 예수님의 질고를 상상해보며, 예수님의 십자가를 내 가슴에 다시 품게되는 시간을 영원처럼 체험했다, 그 검사대 위에서.

노부부가 사는 법
(12/11/2015)

어제 조직검사 결과를 듣고 10분 정도 몸에 오한을 느낀 것 외에는 마음의 평정이 떠나질 않고 있다. 그러나 유방암이라는 진단은 분명히 우리 두 사람의 삶에서 다시는 돌아갈 수 없는 가장 무거운 선을 그었다. 이제 우리는 죽음에 의한 이별이 올 수 있다는 명백한 사실, 그 현실을 직면하게 된 것이다. 암을 가진 나는 '죽음'이라는 단어를 순식간에 이해했고, 그런 나를 보는 남편은 '이별'이라는 아픔이 고인 말을 그대로 체험한 것이다.

죽음에 의한 이별은 늙어가며 꼭 필요한 과정임에도 불구하고, 노부부는 죽음에 의한 이별을 생각해볼려고 하질 않는다. 그러나 이번에 나의 '암'때문에 우리 부부는 죽음과 이별과 남는 자의 고독을 구체적으로 그려볼 수 있게 되었다. 각자의 삶을 다 살아내고 한 사람이 먼저 영생으로 돌아갈 때, 우리는 필수 코스인 이별을 거쳐야 함을 마른 하늘에 치는 벼락처럼 느닷없이 깨닫고 만 것이었다.

계목사의 최악의 경우 (worst scenario)는 홀로 서기다. 자식이 없는 우리 둘, 급한 성격의 나와 만만한 성격의 계목사 사이에서 누가 일을 더 많이 했었을까? 물론 '나'다. 답답한 것을 참지 못하고, 마음이 착한 계목사보다 훨씬 머리가 빨리 돌아가는 약싹빠른 나, 더 나아가 미국 남자 중심 사회의 생존 경쟁을 거쳐 여기까지 왔던 내가 집안 살림 모든 것을 다 관장해 왔다. 그러니까 우리집 경제 사정을 비롯하여 은행에 e-banking으로 공과금을 지급하는 일까지 모두 내 몫이었다. 부엌에서도 사정은 똑 같았다. 남편이 잘 하는 것 하나: 압력 솥에 현미밥 짓는 것, 그러나 그 외, 쥬스 만들기조차 생소한 남편은 갑자기 이 모든 일을 혼자 해낼 수 없다는 현실을 직시하게 된 것이다.

암은 내가 가졌지만, 그로 인한 스트레스는 온통 남편 몫이 되어버렸다. 적어도 오늘은. 그런 그를 바라보니 마음이 메어진다. 마치 서너살 밖에 안되는 자식을 두고 가는 어미의 심정으로 비유가 되었으니, 내 과장이 너무 심한 것일까????

친구 S가 보낸 기도
(12/17/2015)

하나님 아버지, 사랑하는 딸에게 또 다른 시련을 주십니다.

사랑하기에 또 믿음으로 잘 견딜수 있음을 믿으시기에 또 하나의 산을 넘으라 하시는군요.

이 딸 은덕이, 하나님의 딸, 제가 아는 누구보다 더 열심히 일하고 생각하고 기도하고 자신에게 철저하며 하나님 말씀대로 살려고 노력했습니다. 하나님 힘드시게 하지 않으려고 기도하는데 그치지않고, 운동도 열심히 하며 건강도 게으르지 않게 관리하고 주께서 주신 은사를 자랑하지 않고 필요한 사람들께 섬기고 베풀고 하는 것, 주님께서는 아십니다.

나이들어 오레곤에 거처를 옮기는 결단도 하게 하시고 아름다운 교회를 섬기게 하셔서 큰 기쁨을 주시고, 뒷 마당에서 사과 따서 샐러드 만들며 그렇게 소녀처럼 기뻐하며 이 모든 것을 인도하신 하나님께 감사로 가득한 이 귀한 딸에게, 주님은 더 귀한 것을 예비하셨습니까? '넌 할 수 있다. 오직 나만 바라봐. 너 나 믿지?'

모든 것을 합력하여 선을 이루시는 하나님의 기묘한 섭리를 이젠 몸으로 느끼게 하시려는 겁니까?

하나님, 사랑의 하나님, 담대함과 평안함을 은덕이에게 허락하신 것 감사합니다. 그러나 계목사님 얼마나 힘들고 당황하시고 걱정하실지요. 아버지, 우린 아무것도 할 바를 알지 못하나 모든 것이 하늘 아버지 뜻 가운데에서 이루어짐을 믿습니다. 수술하는 의료진들이 병에 대해 옳은 진단을 하게 하시고 수술할 때 나쁜 조직 하나도 남기지 않고 집도하는 그들의 눈을 밝히시고 그 손길을 주장하여 주옵소서. 주님, 저희는 아무 공로 없으나 우리 주 예수 그리스도의 찢기시며 흘리신 보혈의 공로로 죄사함을 받은 부족한 죄인, 사랑하는 은덕일 생각하며 예수님 존귀하신 이름으로 기도합니다.

태산을 넘은 자의 고백
(02/01/2016)

수술 전, 그리고 수술 후, 참 많은 시간, 참 많은 생각을 하나님 앞에서 하게 되었다. 70년 가까이 살아오는 동안, 얍복강 가에서 하나님을 만나 씨름도 해보았고, 온 몸으로 움켜지고 있었던 '과학자로써의 성공적 삶'이라는 이삭을 놓고 하나님의 뜻을 헤아리기위해 안간힘도 써보았고, 서너개의 중병으로 하나님께 절절한 부탁도 드려 보았다. 그러나 내 삶의 이런 아픔과 시련들은 결코 나만이 겪는 것이 아니라, 내 옆에서도 수시로 일어나는 삶을 살아가야하는 인간모두의 고통이고 아픔이다.

그러나 이번 하나님께서 내 앞에 허락하신 '암'은 그 강도에 있어서는 가장 큰 사건이었다. 내가 암 진단을 받고 55년 된 믿음(중고등학교 동창)의 친구들에게 알려주었을 때, 한 친구는 며칠 후에야 비로소 나를 위한 기도문으로 답을 보내주었다. 바로 그 친구가 나의 '암 진단' 사건을 인간이 받을 수 있는 가장 큰 고난으로 받아들이며 절친한 친구한테 이런 고통의 잔이 주어짐에 대하여 그녀 스스로도 그것을 소화하고 진정하는데만 며칠이 걸린 것이었다.

정작, 나는 한량없는 하나님의 은혜 속에서 매우 평온하게 지내고 있었는데 말이다. 그럴 수 있었던 이유는 예수님이 이미 내 손을 붙잡으신 후에 암 진단을 허락하신 것이었다. 더 나아가 수술 받기 전까지의 한 달 동안 난 참 신기한 체험을 했었다. 어느날, 운전을 하며 185가를 달리고 있는데 하나님께서 나를 바라보시며 슬며시 웃으시는 모습을 본 것이었다. 그 때 나는 이 세상의 언어로 표현할 수 없는 벅찬 희열 (joy)을 맛보았다 (빌립보서 4장 7절: 모든 지각에 뛰어난 하나님의 평강). 더구나 하나님께서는 미소를 지으시며 이런 말씀까지 하신 것이었다.

"Hi, dear, I have a surprise for you!"

그래서, 그 때, 이미, 나는 나의 태산이 결코 힘들지 않을 것이라는 확

신을 가지게 되었다. 그러함에도, 나는 하나님께,

"하나님께서 제게 힘든 길을 가라고 하신다 해도 저는 가겠습니다. Thy will be done." 이라고 조심스럽게 아뢰었다.

이와 똑같은 놀라운 체험을 수술 며칠 전에 한번 더했다.

암이라는 과정을 지내며 내 생애 중 가장 깨끗한 영으로 하나님 앞에서 진실한 시간을 살고 있다. 그것만이라도 유방암이라는 태산은 내게 필수 조건이 된 것이다.

2016년의 감사
(11/23/2016)

2016년을 시작했던 날, 1월 1일, 이미 나는 유방암 환자가 되어 있었고, 19일 수술을 기다리고 있었다. 그후 수술은 잘 끝났고, 수술 후 만났던 암전문의사가 앞으로 5년간 항-에스트로젠 약을 먹어야 한다고 함으로써 나도 유방암 환자 대열에 합류했다. 내 주치의와 두 명의 외과 의사의 촉진으로도 만져지지않았던 1cm 미만의 작은 암, 림파선에도 전이가 되지 않았던 초기 암이었다. 암환자가 되기 전에는 언제나 암에 대한 두려움이 마음 깊숙히 자리잡고 있었는데, 막상 암 환자가 되고보니 그 두려움 자체가 사라졌다. 왜냐면 그 두려워했던 일이 이미 내 몸에서 일어났고 암역시 하나님이 허락하신 과정이라는 생각이 들어서였었다. 많은 암 환자들은 '내가?, 왜?' 의 과정을 거친다는데, 난, '하나님이 주신 것이니까 감사하며 살아내야지' 라는 생각이 처음부터 있었다. 그래서 하나님께 내 손을 꼭 잡아달라고, 그리고 암이라는 태산을 넘을 때, 하나님께 잡힌 손에 의지하여 넘게 해달라고만 기도를 드렸다. 하나님은 바로 그 부탁을 들어주셨다. 하여 난 암환자들이 겪어야하는 암이 주는 그 두려움의 실체를 전혀 알지 못했다, 유방암의 과정을 지나면서.

시간이 흐르며 몸은 회복되었다. 그러나 예전보다 신체의 변화에 민감해진 나는 7월, 몸에 보이는 몇가지 소견때문에 주치의를 만났다. 그중 하나가 코 옆에 3년 정도 가지고 있었던 작은 점이었다. 의사는 나를 피부과 의사한테 보냈고 피부과 의사는 그 작은 점에 관심을 보이며

"20년 전의 얼굴 사진이 있습니까?" 묻는다.

"왜 20년전인가요?" 되물으니

"이것은 기저세포암라는 피부암일 수 있는데

이것은 20년정도 서서히 자란다." 고 대답을 해준다.

그 자리에서 조직을 떼어 검사에 맡겼고 3-4일 후 그것이 기저세포암

이라는 진단이 내려졌다. 그 작은 점은 내게 다시 '암'이라는 단어로 다가왔고, 피부암이라는 진단에 마음이 많이 무너졌었다. 유방암 진단을 받고도 태연했었던 내가 20년동안 자라도 다른 조직에 전이조차 못하는 '기저세포암' 때문에 암이 주는 두려움을 대면했고 암 진단을 받은 환자들이 가지는 두려움의 실체를 조금이나마 알게되었다. 내가 유방암 수술을 받고 회복 단계에 있을 때, 주위에 유방암 진단을 받고 힘든 세월을 시작했던 두 젊은 환자가 있었다. 그들을 위로할 수 있는 자격을 갖춘 나는 수시로 그들과 통화하며 함께 기도하고 불안을 나누며 믿음으로 격려해 왔었다. 그들이 겪고 있는 암에 대한 절망에 가까운 두려움을 전혀 모른채 말이다. 그러나 피부암으로 인하여 나는 그들이 겪어내고 있는 두려움을 조금이나마 이해하게 되었다.

수술하던 날, 내가 가졌던 피부암은 새로운 기술인 Mohs라는 시술로 수술을 하기에 하루 종일 수술 시간을 배정받았다. 피부 일부를 제거한 후 조직 검사를 하여 암 세포가 있으면 조금 더 깊숙히 조직을 제거해 조직 검사하고, 이렇게 계속 조직을 떼어내 검사를 하며, 조직 검사에서 '암세포가 없다'라는 소견이 나올 때까지 하는 수술이었다. 간호사가 수술 부위를 소독하자 의사가 들어와 수술 방법을 알려주고 국부 마취를 시작했다. 마취가 되자 의사는 1분 안에 조직을 떼어냈고 나는 대기실에서 조직 검사 결과를 2시간 남짓 기다렸다. 두 시간 후 내 이름이 불리어져서 들어가니 의사가 조직 검사에 의하면 암세포가 없다고 하며 봉합이 끝나면 집으로 가라는 것이었다. 피부암 수술 시간 1분, 경비 $25 이었다.

난 하나님께 물어보아야 했었다. "하나님, 이렇게 싱거운 암 수술을 왜 허락하셨나요?" 하나님이 대답하시기도 전에 난 답을 알아버렸다. 암 환자들이 겪는 두려움의 실체를 나도 겪고 알아야 암 환자에게 도움이 되어줄 수 있을 때 그들이 직면한 두려움을 나도 이해하며 기도할 수 있기에 말이다.

이 2개의 암을 겪으며 나는 몇가지 귀한 습관을 만들기 시작했다. 첫째, 십자가 상의 예수님을 내 존재의 깊이로부터 만나는 습관을 만들었다. 둘째, 새벽에 일어나면 곧 '감사 기도'를 쓴다. 셋째, 찬양을 부르기 시작했다.

2016년은 암으로 시작했지만, 이 한 해동안 내가 체험한 '내 삶을 에워싸는 한량없는 하나님의 은혜'는 일생 살아오며 받아온 은혜보다 훨씬 깊게 체험했다. 이제 나는 암을 무서워하지 않는다. 내가 유방암과 피부암을 거치며 알게 된 것은 하나님이 우리에게 이런 아픔과 고난을 허락하실 때에도 매우 세심한 배려를 하신다는 것이다. 이런 하나님의 방법을 알게 되자 하나님을 신뢰하는 마음때문에 내게 어떤 일이 일어날까에 대한 걱정이 사라졌다. 인간들이 가장 무서워하는 암이라는 것을 두번 만났던 2016년, 내게는 은총의 세월이었고 또 은혜의 시간이었다.

죽음이란

(2017년 7월 24일)

죽음이라는 단어는 보통 명사다. 또한 추상 명사이기도 하다. 이 세상 모든 사람은 죽음이라는 말의 뜻을 알고 있다. 그래서 보통 명사다. 그러나 그 어떤 사람도 죽음을 제대로 설명할 수 없고, 그려볼 수도 없다. 이런 의미에서 추상 명사다. 그런데 난, 그 죽음이라는 단어를 고유 명사로 만나보았다. 그것도 두 번씩이나. 40대 말, 절대로 죽지 않는 병(갑상선 기능 항진증)을 앓으면서 죽음을 체험했었고, 60대 말, 죽음에 이르는 병(암)을 앓으며 체험했었다. 재미있는 것은 절대로 죽을 수 없는 병을 앓으면서 나는 죽음의 공포에서 헤어날 수 없었고, 반면에 죽음에 이르는 암을 앓으며 죽음을 보통 명사로 바라볼 수 있었다.

갑상선 기능 항진증의 시작은 이러했다. 언제부터인지, 신경은 예민해지고, 밤에 잠을 잘 수가 없고, 맥박은 팔딱팔딱 기계처럼 뛰고, 아무리 먹어도 계속 마르고,,,,. 하여 내 주치 의사인 USC 의대 내과 교수에게 진찰을 받았다. 주치의가 내 증상을 가지고 엉뚱하게 위궤양으로 진단한 후 약을 처방해주었다. 내 짧은 상식으로도 위궤양 진단은 오진이라는 것을 알아서 나는 친구의 친구인 Dr. O를 찾아갔다. 내 설명을 듣자 그는 곧 Tsh 홀몬 수치를 알기 위해 피 검사를 했고 갑상선 기능 항진 진단을 내렸다.

이런 우여곡절 끝에 의사가 처방한 약을 받아가지고 미리 예정되었던 하바드 의대로 3주동안 연구하러 보스톤으로 갔다. 문제는 거기서 시작되었다. 약을 먹기 시작하자 몸에 알러지 현상이 일어나 온 몸에 빨간 두드러기들이 덮혔다. 게다가 어찌나 가려운지! LA의 Dr. O한테 연락하니 당장 약을 끊고 보스톤에서 의사를 찾으라고 한다. 하바드 의대 병원으로 달려갔다. 내분비과 교수를 통해 요도 동위원소 치료를 받았다. 방사선을 고농도로 마셨기에, 순식간에 난 임신 가능한 젊은 여자들과 아이들에게 방사선을 발사해 그들의 건강을 해칠 수 있는 능력을 가지게 되었다. 의사의 말대로 이들을 보호할 방법은 이들에게서 스스로를 격리하는 수밖에. 친구 교수에게, "나, LA로 돌아가야 하는데요. 내 몸에서 방사선이 대량 방출되어 당신 연구실의 임신 가능성이 있는 젊은 여성들에게 피해를 줍니다." 했더니, 내 말을 믿지 않는다. 그럴때는 실제 data를 보여주는 수 밖에. 실험실 여기저기에 놓여 있던 가이거 카운터를 하나 가져다가 내 몸에 대니, 바늘이 최대치를 찍고도 기계 자체가 어쩔줄을 몰라 한다. 그것을 본 후에야 친구는 내 말을 믿었다. 세상 어떤 사람도 갑상선 기능 항진증으로 죽지 않는다. 그러나 이 병은 내게 '죽음'에 대해 극도의 두려움을 품게 했다. 이 시절, 쉬지않고 읽었던 시편의 어떤 구절도 내게 평안함을 주지 못했다. 자나깨나 예수 그리스도를 묵상하고, 찬송가를 끊임없이 불러보아도, 또 큰 소리로 기도를 외쳐도, 극도로 날카로워지고 황폐해진 정신 세계는 구원, 영생, 은혜, 감사, 평안, 이런 일상의 언어들을 통째로 빼앗겼다. 그러나 방사선 동위원소 치료로 갑상선 기능이 죽어가면서, 드디어 내 영혼도 예전의 상태로 돌아왔다. 육체적 죽음에 이를 수 없는 병이었지만 영혼의 죽음을 극대치로 체험하게 했던 매우 이상한 병, 그것때문에 나는 48세즈음에 죽음의 실체를 만났던 것이다.

그리고 60대 말, 한 해에 유방암과 피부암, 두 개의 암 수술을 받았다. 암 진단을 받자마자 죽음이라는 단어는 내 존재 속으로 깊숙히 들어와 나와 생사를 같이 했다. 유한한 인간의 마지막 계단에서 나는 오로지 창조주 하나님, 나의 구속자 예수님, 위로자 성령님에게 촛점을 맞추었다. 죽음에 이룰 수 있는 병을 아무렇지도 않게 앓아낸 것은 온전히 내 삶을 감싼 하나님의 은혜였다.

갑상선 기능 항진증을 통해 인간의 유한성과 죽음의 공포를 알게된 것은 큰 축복이었다. 옛날 달라스에서 함께 신앙 생활을 했던 가정(ㅈㄴ 부모)이 샌프란시스코로 이사를 왔고, LA에 살고 있었던 나와 소식을 주고 받았다. 그러다가 ㅈㄴ 엄마가 유방암에 걸렸고 골수까지 전이가 되었다는 소식을 들었다. 달라스에서 그들과 가까이 지냈던 k집사님이 샌프란 시스코로 병 문안온다는 소식을 듣고 나도 하루 시간을 내어 그 댁으로 날아갔다. 골수암이 주는 아픔때문에 힘들어는 했지만 그분은 매우 잘 견디어 내고 있었다. 기도와 찬송과 지난 이야기를 나누다가 내가 그녀에게 물었다.

"ㅈㄴ 엄마, 죽음에 대한 공포는 없어요? 난 갑상선 기능 항진증을 앓으면서 말할 수 없을 정도로 죽음에 대한 공포를 느낀 적이 있어서요." 하니까, "전 하나님이 언제 부르셔도 기쁘게 천국으로 갈 마음이 있어요." 한다. 평안한 마음으로 그 댁을 떠나 왔었는데, 그분이 위독하다는 연락을 받고 k집사님이 또 한번 달라스에서 북가주로 가서 그분이 임종하기 이틀 전에 만나보고 왔다고 하며,

"사모님, 제가 마지막으로 보았을 때 ㅈㄴ엄마는 죽음을 무척 두려워했어요." 한다.

보통 명사이며 추상 명사인 죽음이라는 단어가 이렇게 자기만의 것으로 체험되어질 때의 두려움을 나는 알고 있다. 믿는 자나 안 믿는 자나 못 믿는 자나, 누구나 체험해야 할 이 단어. 믿는 자들도 두려워하는 이 단어. 그러나 하나님의 은혜로 그 두려움이 변하여 기쁨으로 온전히 탈바꿈이 가능한 단어, 한번쯤은 추상 명사에서 고유 명사로 경험해보는 것도 좋을 것 같다는 생각이 들었다. 그러나 그것은 내가 하고 싶다고 해서 할 수 있는 체험이 아니자 인간의 영역이 아니니, 이 문제는 오로지 하나님의 뜻에 맡길 수밖에 없다는 소극적인 결론뿐이다.

우리집 정원 이야기

(2015, 가을)

어느새 북쪽으로 위치한 우리 집 뒷뜨락에 해가 쬐는 시간이 부쩍 줄었다. 여름 내내 땡볕에 목말라하는 꽃들을 보며 뙤약볕이 속상했었는데, 이제는 담장 위로 훌쩍 지나가는 햇빛의 길목이 너무 짧아 그것 또한 많이 아쉽다.

어제 호박 덩굴을 과감히 걷어냈다. 아직도 호박 꽃은 피어 있었지만, 손가락 마디만도 못한 호박을 키우다가는 금새 말라 비틀어진다. 내 손 길이만큼 자란 호박을 마지막으로 따고서는 호박 덩굴을 뽑았다. 올 여름 호박 열 개를 따서 찌게 끓일 때도 넣고, 호박전도 지져 먹고, 친지에게도 서너 개를 주었으니, 내 초보 실력으로는 괜찮은 농사였다. 봄철에 사온 호박 모종을 내 딴에는 잘 키우겠다고 커다란 화분을 사서 거기에 키웠는데, 아, 올 여름 포트랜드는 화씨 90도가 넘었던 날이 30일이 넘었으니, 아무리 하루에 두번씩 물을 주었어도 호박, 오이, 가지, 고추는 갈증에 시달려 오후 5시만 되면 축축 늘어졌다. 올해 경험을 교훈삼아 내년엔 꼭 화단 한 귀퉁이에 텃밭을 만들고, 미리 거름을 듬뿍 준 땅 속으로 심어줄 예정이다.

봄철, 한국을 다녀온 뒤 5월 초에 마구잡이로 뿌렸던 나팔꽃이 이제 전성 시대를 맞고 있다. 한 여름 내내 극성맞게 덩굴이 담장을 기어 올라가고 담장 너머로까지 영역을 넓히며 잎사귀만 무성하게 키워내며 꽃을 피우지 못하는 나팔꽃을 보고, '음, LA에서는 씨를 뿌렸다 하면 금새 싹 내고, 성큼성큼 자라 열흘 안에 빨간 꽃을 피웠는데, 이곳 날씨가 이상한가?' 궁금해 했더란다, 내가.

그러더니 9월 들어서며, 보란듯이 꽃을 피우는 나팔꽃 덩굴에 빨간 꽃들이 매일 아침 지천으로 피어 달린다. 게다가 날씨가 선선하다보니 오전에만 피었다가 져버리는 자기 본성도 잊어버리고 하루 종일 피어 있다. 씨도 여러 종류를 심어서인지, 빨간꽃 덩굴도 있고 남색 덩굴도 있고, 나팔꽃 친척쯤 되는 개량종 주홍색 꽃도 피어 있다. 한 여름 내내 한련화와 수국이 피어주더니 이제는 나팔꽃이 아침마다 방글방글 웃으며 반긴다.

아직도 방울 토마토는 하루에 서너개씩 바알갛게 익어 물주러 나가서는 한두개 따 먹고 있다. 나팔꽃이 방울 토마토의 이웃 사촌인지라 이제는 토마토 줄기가 나팔꽃의 지지대 노릇을 하고 있어서 걷어 낼 수도 없다. 토마토를 내가 즐기는 이유는 잎사귀라도 만지면 어느새 싱그런 토마토 냄새가 내 손을 물들여 나까지 토마토 냄새를 품게 하기때문이다. 이렇게 포트랜드에서의 나의 첫 농사는 그런대로 만족하다는 평가를 가지고 마지막을 향해 달리고 있다.

"뭐라고요? 깻잎은 안 심었냐고요?"물론 화분에 가지랑 고추랑 같이 심었었는데 화분을 삐딱하게 놓아서 깻잎은 하루에 두번씩 주었던 물 속에서 혼자만 홍수를 맞아 썩었더랍니다, ㅎㅎㅎ. 오이도 여름 내내 한 열개정도 따 먹었고, 고추는 가뭄에 콩 나듯이 열려주어 많이 못 따 먹었지요.

뭐, 어때요.

이렇게 즐길 수 있는 뒷마당이 있는데.

다, 하나님의 은혜지요.

3

그 이전 이야기들
Stories from my Past

(2007년, 60세 생일날)

우리가 삶을 시작할 때, 우리가 삶을 선택하는 것이 아니라 삶은 우리에게 주어진다. 그렇게 주어진 삶을 이제껏 살고 보니, 내가 선택한다해도 이보다 더 좋은 선택을 하지못했을 것이라는 확신이 온다.

첫째, 가난한 한국에서 태어남이 좋았다. 그래서 지금 이 풍요로움이 넘쳐 낭비로 피폐해지는, 이 시대, 미국 땅에서 살면서도 가난한 사람들을 이해할 수 있고 그들을 마음으로 품을 수 있음에 감사한다.

둘째, 믿는 가정에서 태어남이 좋았다. 살면서 인간의 유한성을 체험할 때마다 내 힘으로 말세의 세상 길을 걷지 않음이 감사하다.

셋째, 가난했지만 우리 부모에게서 태어난 것이 좋았다. 특히 아버지는 내게 믿음이 무엇이고 믿음에 든든히 서 가는 것을 삶으로 보여 주셨다. 매일 밤 한 시간 이상 무릎을 꿇고 기도하시던 아버지를 보고 또 딸만 많은 집안에서 형제들과 싸우며 자랄 수 있어서 좋았다.

넷째, K여중고를 졸업할 수 있었음이 좋았다. K여중고는 내게 환경이 주는 한계를 뛰어 넘을 수 있는 능력을 가르쳐 주었고 자신에 대한 자긍심을 심어 주었다.

다섯째, 대학을 졸업하고 유학을 왔던 미국에서 좋은 교회를 만나 일생 해왔던 신앙의 방황을 끝낼 수 있어서 좋았다.

여섯째, 목사의 아내로 살 수 있어서 좋았다. 평생 남이 잘 되기를 진정으로 바라며 산다는 것은 인간이 가질 수 있는 가장 큰 축복이다.

일곱째, 믿음의 친구들이 있음이 좋았다. 같은 방향을 볼 수 있는 친구는 오랜 세월, 함께 만드는 작업이다. 이런 평생의 작업을 하고 돌아보니, 좋은 친구가 여기 저기에 있다.

여덟째, 일생 내가 좋아하고 잘 하는 일을 직업으로 가질 수 있음이 좋았다.

아홉번째, 이 세상을 떠나면 가야할 본향이 있어, 참, 좋다.

딸 부자집

경기여고 100주년 행사때 나의 어머니는 딸 4명을 경기여고 졸업생으로 키우셨다고 학교로부터 상패를 받으셨다. 내 밑으로 줄줄이 동생이 4명이고 모두 여자들이다. 내 바로 밑 동생이 나랑 14개월 차, 그애와 그애 밑과는 18개월차, 그 후는 3년 터울이다. 막내가 2년만에 다시 태어났다. 이렇게 나는 본의 아니게 고만고만한 여동생들을 4명씩 돌보며 어린 시절과 소녀 시절을 보냈다. 물론 우리 부모 세대는 대부분 5남매에서 7남매를 가지는 다산의 세대였지만 우리집처럼 딸만 낳은 집은 흔하지 않았다. 딸딸딸딸딸낳고 마지막으로 아들을 본 집이 그런대로 눈에 띠었으니 우리 부모처럼 아들 복이 없으신 분들은 드물었던 것 같았다.

광화문에서 살다가 초등학교 3학년때쯤 교북동 (서대문과 영천 사이)으로 이사를 갔다. 아침이면 동생들을 데리고 옛날 서울 중고등학교와 기상대가 있었던 홍파동 언덕 길을 넘어 옛날 문화 방송국이 있었던 사거리(서대문 길과 정동)까지 내려와 길을 건넜다. 그리고 신문로와 광화문을 향해 피어선 성경 학교를 옆으로 끼고 가다가 (즉 서울 중고등학교 건너편) 신문로 못미쳐에서 골목길로 들어선다. 좁은 골목길을 요리조리 꺾어가며 걷노라면 어느새 경기여고 북쪽 담을 낀 마지막 골목을 만난다. 이쯤되면 덕수초등학교는 지척이다.

내 바로 밑동생이 초등학교 1학년이고 난 3학년이 되었던 해, 4월이 되었지만 떠났던 겨울이 되돌아와 우리 주위에서 서성이며 비바람을 뿌리던 어떤 추운 날, 피어선 성경 학교까지 다 내려왔는데 갑자기 동생이 와-아앙 하며 울어 제낀다. "왜 울어?" "선생님이 오늘 공깃돌 5개 가져오라고 했어,,,,, 엉엉" "그걸 이제 말하면 어떻게 해!" 했지만 우는 동생을 위해 가로수 밑을 뒤지기 시작했다. 그렇게 서너 나무 밑을 뒤지니 공깃돌 5개가 손에 고인다. 동생 손에 쥐어주며 "울지마, 여기 있잖아" 했다.

교북동으로 이사간 후로는 노상 동네 공터에서 놀았다. 노는 것을 엄청 좋아하는 나는 시간만 나면 동네에 나가 고뭇줄, 땅 따먹기, 하다못해 잣치기까지 하며 놀아댔다. 고뭇줄의 달인이 될만큼 고뭇줄을 잘해 적수가 없는 나는 늘 깍두기를 했었다. 그런데 문제는 내가 놀려고 집을 나서면 동생 4명이 주루루 따라 나온다. 걸음마도 제대로 못하는 막내까지 말이다.

그때 나의 소원은 나,혼.자.서 동생들없이 내또래 친구들과 놀고 싶었었다. 드디어 대보름날, 동생들을 따돌린채 나 혼자서 집을 나섰다. 친구들과 깡통에 숯불을 담아 휘휘 돌리며 인근 지역을 마구 쏘다녔다. 그렇게 싫컷 놀고난 후 집에 와 보니 내 바로 밑 동생이 없어진 것이다. 나를 따라 간다고 집을 나섰다는 것이고, 난 그애를 그날 밤 본 적이 없으니 집을 잃고 어디선가 헤매고 있을 것이 뻔했다. 된통 야단맞을 일이지만 워낙 사안이 급해 부모님과 나는 그애를 찾으러 그 추운 겨울 밤을 얼마나 쏘다녔었는지?

언니인 내가 경기 여중에 들어가니 동생들한테도 그일이 스트레스가 되었는지 그 말썽 많던 동생이 덕수를 거쳐 경기 여중에 입학했다. 그애 밑은 성적이 되질않아 경기 여중을 포기해서 非경기인이 되었고 그 비경기인의 바로 밑동생이 다시 경기 여중 (59회)에 들어왔다. 그애의 입학은 그애가 졸업했던 금화 초등학교에서 몇년만에 경기 여중에 입학한 경사로운 기록을 남겼다. 그리고 막내는 이화 여중을 실패하고 내 극성으로 경기 여고에 입학을 했다. 정신 여중에 다녔던 막내와 막내 친구들 다섯 명을 내가 대학 다니며 그애들의 극성맞은 과외 선생으로 공부를 시켜 모두 경기 여고에 합격시켰다. 59학번 동생이 경기 여중 1학년에 들어왔을 때 나는 고등학교를 졸업을 했었고 또 내 밑동생이 졸업하며 막내 (61회)가 들어왔다. 이렇게 학교를 다녔던 세월이 엇갈려 경기 여고생을 4명씩이나 배출해놓고도 우리 엄마는 3자매 경기 학생을 둔 부모가 받는 상을 생전에는 받지 못하셨다.

아들이 숭배받던 우리의 어린 시절, 아들이 없다는 그 이유로 사람들의 동정을 받으셨던 딸만 줄줄이 가졌던 우리 아버지가 나는 참 불쌍했었다. 그런 연민이 나의 유전자를 바꾼 것이다. 고등학교 때까지 노는 것을 엄청 좋아했던 내가 대학교에 가서 철이 들었고 늙은 아버지에 대한 연민으로 공부를 억세게 했다. 아버지의 소원이 딸들이라도 공부해서 대학 교수가 되는 것이었다. 그 소원을 이루어 드리기위해 우리집 딸들은 경기 여고를 졸업했었어야만 했었다. 결국 나의 나된 것은 아버지와 경기 여고 덕이지만 궁극적으로볼 때 '나의 나된 것은 다 하나님의 은혜라"로 압축된다.

영어 시간에

때 : 1962년 11월 중순,
진눈깨비가 질척질척 내리던 날, 제 7교시,
담임선생님의 영어 시간
등장 인물 : 나와 친구 Y

　제 7교시쯤 되면 우등생이 아닌 나로서는 몸이 뒤틀리는 시각, 게다가 오전 10시쯤 점심을 먹은지라, 배는 고팠다. 이날 따라 진눈깨비가 내렸다. 함박눈도 아닌 것이 괜스레 거리만 불편하게 만드는게 내리는 것도 못마땅한, 나는, 막 시작한 영어 시간을 어떻게 지내느냐 고민하다가, 불현듯 내 머리로 전깃불이 반짝 일었다.

　언니의 가죽 장갑을 물려받은 난, 그 검은 장갑을 가지고 할 수 있는 장난을 생각해냈다. 그당시 유행했던 필통은 보통 것보다 약 2cm 정도 더 넓어 장갑 안에 넣으면 꼭 사람 손을 넣은 듯 평평하게 살아 보인다. 장갑 속에 필통 뚜껑을 넣고 열심히 공부하는 Y 눈 앞으로 확 들이밀었다.

　"악!" 하는 짝궁 Y의 비명 소리와 함께 Y가 졸도해 버렸다. 수업 중간에 학생이 졸도를 했으니 얼른 위생실로 보내야 했던 선생님, 범인은 심중이 가나 범행 현장을 목격한 것이 아니므로, "박OO, 최OO 데리고 위생실로 가라" 명령하셨다. 우리 이름을 아시는 담임이자 영어 선생님께서 나를 불이나케 반에서 퇴장시키셨다. 난 축 늘어진 Y를 옆으로 끼고 낑낑 안간힘을 쓰며 같은 건물 아래층에 있는 위생실로 내려갔다. 그리고 Y 이마에 찬 수건을 얹고 위생 교사의 지시를 따라서 온 몸 맛사지를 했다. 남들은 모두 7교시 후에 청소하고 집에 가는데 난 Y 옆에서 계속 시중을 들었다.

　그리고 축 늘어진 Y를 데리고 광화문 육교를 건너 ' 북아현동' 가는 합승에 간신히 그애를 집어 넣고 서대문과 독립문 사이에 있는 우리 집으로 뚜벅뚜벅 걸어갔다.

집에서 밥을 먹고 나니 Y가 걱정된다. 무사히 자기 집에는 갔는지 아님 중간에 졸도나 안했는지 마음이 산더미같이 무거워졌다. 그래서 우리 집에서 북아현동 Y네 집까지 걸어가, 살아 있는 친구를 확인한 후에야, 그날 밤, 잠을 잘 잘 수 있었다.

이상하게 풀린 가을 여행
(2009년 가을)

50년 지기 친구 K와는 거의 친형제같이 지내왔다. 게다가 친구 남편이 내 치대 동기니, 나랑 K와는 안팎으로 엮여 있었다. 함께 남가주, 같은 지역에서 살아온 햇수도 30년이 훌쩍 넘었다. 게다가 우리는 한 가지 취미를 공유하고 있다. "걷는 것"을 매우 좋아해서 둘이 만나면 무조건 걷는다. 오르막 산 길, 바닷가 모랫 길, 험한 사막길, 동넷 길, 비가 내리는 길, 해가 머리 꼭대기에서 쨍쨍 내리쬐는길, 아뭏든 길이 있는데는 늘 함께 걸었다.

2009년 가을, 뉴햄프셔주로 단풍 구경도 하고 싶컨 걷기도 할겸 함께 길을 떠났다. 보스톤 공항에서 차를 빌려 보스톤에 있는 내 미국인 친구 집에서 하룻밤을 신세지고 그 다음날 우리 둘은 빨간 단풍이 곱게 물든 보스톤 지방을 떠나 북쪽으로 북쪽으로 달렸다. 그런데 올라 갈수록 빨간 단풍이 시야에서 사라지더니 뉴햄프셔 주 경계를 넘자 단풍 나무대신 나목으로 가득찬 산들이 눈에 띄이기 시작했다. "어? 이게 아닌데 ' 하며 달려 북쪽으로 올라갈수록 노랑잎을 간신히 매달고 있는 백양 나무가 간혹 보였지만, 어느새 북쪽 지방은 초겨울이었고 우리의 단풍 구경은 물건너갔다.

로버트 프르스트가 살았던 동네에 일부러 예약한 B and B (Bed and Breakfast) 에 도착하니 어느새 이른 오후. 우리 방은 분홍색을 주제로 장식한 신혼부부 방. 여자 둘이 여행하는 것이 이상했던지 매우 고상하게 나이든 주인 여자가 우리를 매우 이상하게 보며 멀리한다. 처음에는 그 이유를 몰랐었는데 워낙 눈치가 빠른 친구가 하는 말, "내 생각엔 주인 여자가 우리 둘을 동성 연애하는 사람들로 오해한 것 같아."

다음날 아침 식탁에서 나는 일부러 우리 관계를 명확하게 설명했다. 우리 둘은 고등학교 동기이고, 친구 남편은 내 대학 동기인 치과 의사이고, 내 남편은 지금 한국에서 목회하고 있는 목사님이라고 말이다. 이 말을 하자마자 우리는 B & B 주인으로부터 정상인 대접을 받았다. K랑 둘이서 요세미티를 갔었을 때도, 식당에서 우리 옆자리에 앉았던 미국 노인 부부가 우리의 다정한 모습을 힐끔힐끔 바라본 적도 있었다. 어쩌다 우리가 사는 세상이 이렇게 되었는지는 모르겠지만 동성의 친구끼리 둘이서는 다정하게 여행도 못 다니는 세월을 사는구나 싶어 참 마음이 답답해졌다.

삼만원의 무게

(포항 기쁨의 교회, 선교 회보, 1997)

얼마전 일이 있어 은행에 갔었다. 은행 직원과 이야기를 나누고 있는데 한 중년 여인이 내 옆 자리에 앉으며 직원에게 묻는다. 나의 일이 아직 마무리되기 전에 새치기 식으로 업무를 방해하는 여인을 못마땅하게 돌아보았던 내 시선이 문득 변했다. 검은 옷을 입은 그 중년 여인의 얼굴에는 곤고함과 슬픔이 배어 있었다.

"저,,,, 제 것은 아닌 통장인데 해지할려고요."

"그 분 비밀 번호를 알고 계신가요?"

"아뇨, 죽은 제 아들 것인데,,,"

두 사람 사이 오고 가는 이야기를 들으며 나는 그분의 결혼하지 않은 아들이 갑자기 죽은 것과 그 통장에는 삼만원이 있다는 사실을 알게 되었다. 결국 호적 등본과 어머니의 주민 등록증을 가져오면 해지해드리겠다는 직원의 상냥한 말을 듣고 그 슬픈 어머니는 떠났다. 그리고 나는 그 삼만원을 찾아야 하는 어머니의 심정을 상상해보았다. 나라면 구청에 가서 서류를 해오는 일이 번거러워서 그 삼만원은 찾지 않았을 것 같았다. 무엇보다도 삼만원은 내게 그리 큰 돈이 아니었다.

그러다가 삼만원의 무게를 알게 되었던 다른 사건이 생겼다. 미국에도 직장이 있었던 나는 두 달에 한번씩 한국에 나가면 꼭 돌보는 교우들이 있었다. 우리 교회에서 가장 힘들게 사시는 노인들의 집을 벌써 여러해째 돌아보고 있었다. 저임금 정부 보조 아파트에는 참 많은 사람들의 고통과 질병과 아픔이 고여 있다. IMF가 시작되어 모두가 힘겹게 한 해를 보냈던 그 겨울, 손자와 손녀를 데리고 사시는 할머니 댁에서였다. IMF로 포항시에서 나오던 생활 보조금이 삭감되어 하루하루의 삶이 천근처럼 힘드신 할머니의 모습을 보며 물었다.

"할머니, 한 달에 생활비가 얼마 더 있으면 괜찮으시겠어요?"

"한,,, 삼만원이요." 하시며, 손자 손녀, 우유를 한 달동안 먹이는 돈이라고 덧붙이신다. 그 순간 나는 가슴에 통증을 느꼈다.

삼만원, 내가 한 달에 한번씩 하는 머리 파마 값도 안되는 돈, 친구 만나 쉽게 쓸 수 있는 돈; 아, 참, 나는 삼만원이 그렇게 힘들고 아픈 돈인 줄을 전혀 몰랐었다.

아무리 남을 돕고 사는 일에 기꺼이 동참한다해도 삼만원이 내 손가락 사이로 쉽게 흘러내리는 한, 난 결코 그 할머니의 아픔을 제대로 이해할 수 있다고 말하지는 못하리라.

어떤 귀향

(포항 기쁨의 교회 선교 회보,1996년)

얼마전 남편의 추천으로 한 권의 놀라운 책을 만나게 되었다. 헨리 나우엔이 쓴 '탕자의 귀향'이다. 우리가 잘 아는 탕자의 비유와 화가 렘브란트의 그림, '탕자의 귀향'에 근거하여 신학자이며 하바드 대학교의 교수이자 신부인 저자가 어떻게 몇 년에 걸친 영적 여행을 통해 정신 박약아들의 공동체로 삶의 터전을 바꾸게 되었는지를 담은 책이었다.

저자는 자신의 존재의 바닥까지 한줌의 감추임없이 투명하게 서술하며 우리에게도 같은 요구를 은밀히 함으로써 나는 가끔씩 그 책의 요구 때문에 책을 내려놓고 내 속을 들여다보는 작업을 동시에 해야 했었다. 모처럼만에, 정말로 모처럼만에 나의 살아온 생과 앞으로 살아가야 할 생을 하나님 관점에서 보게 한 계기를 그 한 권의 책이 주었다. 이제껏 나는 참 많은 하찮은 변명, 진실이 결여된 수없이 많은 회개, 칭찬을 요구한 봉사, 명목이 뚜렷한 희생을 해왔다. 이런 삶의 위선을 저자는 자신의 삶을 통해 지적했고, 나도 저자만큼 투명하게 내 인생을 되돌아볼 수 있는 용기를 가지게 되었다.

나자신이 탕자임을 나는 이 책을 읽기 전부터 알고 있었다. 나는 성격으로나 여러 면에서 볼 때 탕자의 비유에 나오는 작은 아들처럼 그렇게 대책없는 미성숙아적 탕자는 아니다. 주위를 둘러봐도 그 작은 아들처럼 아버지의 권위에 도전하며 가출할 정도로 철이 나지 않은 그런 탕자는 거의 없다. 나를 포함한 대부분의 우리는 작고 사소한 일들에서 아버지의 권위에 불순종하는 그런 못난 탕자들이다.

내던져진 존재

그런데 나는 실제로 하나님 아버지 집을 떠난 적이 있었다. 내가 자랐던 교회에서 기성 세대들의 위선적이며 형식적인 믿음을 우연찮게 보고

서 나는 하나님 믿기를 포기하고 교회를 떠났다 (물론 믿음 좋으신 아버지도 못 말린 내 고집이 이겼다).

그 당시 사회를 풍미했던 무신론적 실존주의를 찾아 '하나님은 없다'라는 것을 나름대로 증명하기 위해서 다니던 치의예과 강의보다는 철학과의 전공 강의를 들었다.

어느 가을 학기, 하이데거의 '존재와 시간'이라는 그의 유명한 책 강해 시간에 하이데거가 '인간은 내던져진 존재'라고 인간을 정의했다는 교수님의 설명을 듣고 나는 우습게도 무신론적 철학자인 하이데거가 하나님의 존재를 인정할 수밖에 없었던 그 아이러니때문에 하나님을 찾았다. '내던져진 존재'란 던지신 분이 계시다는 것과 그 던지신 분은 인간이 아닌 어떤 존재, 즉 내게는 하나님일 수밖에 없다는 확신을 준 것이다. 이렇게 나는 짧은 시간동안이었지만 하나님 아버지 집을 떠났던 작은 아들 유형의 탕자였었다.

큰 아들적 탕자

그렇지만 나는 자신을 큰 아들 유형의 탕자라고 생각한다. 아버지 집에 살면서 아버지와 함께 사는 기쁨을 몰랐던 큰 아들의 모습이 내게는 더 가까웠다. 대학시절 약 6년동안 성가대 대원으로서 봉사한 적이 있었다. 성가대 대원들이 예배만 끝나면 그 자리에 가운을 벗어놓고 나간다. 성가대 총무 혼자서 80벌에 가까운 가운들을 이층에서 아래층으로 날라 장 안에 정돈한다. 그 모습을 보고 나도 그 일에 동참했다.

그러나 시간이 지나감에 따라 내 속에는 성가대 대원들에 대한 불평이 일기 시작했고 마침내 나는 그 좋은 일을 하면서도 기쁨을 잃었다. 끈기 있는 성격때문에 그 일을 성가대를 떠날 때까지 계속했지만 이제 생각해 보니 나는 그 때 이미 큰 아들 유형의 탕자가 되어 있었던 것이다. 여기서 자가 진단을 마친 것으로 이 책이 끝났으면 얼마나 좋았을까?

탕자의 아버지의 속성

불행히도 저자는 우리에게 모든 탕자는 귀향해야 한다고 말한다. 더 나아가 우리를 받아주는 아버지 집에 돌아오는 것으로 탕자의 귀향은 끝나지 않고 아버지를 닮아야 하는 과제를 전제로 한 귀향이라고 말하고 있다. 문제는 그 아버지의 속성, 우리가 지녀야 할 아버지의 속성이다. 탕자의 아버지는 묻지 않고, 질책없이, 조건없이, 오직 잠잠히 바라보면서 사랑과 용서의 팔로 돌아온 아들을 안고 품어주는 그런 아버지다.

몇 년전, 내가 폐결핵으로 약 팔 개월을 앓고난 후 십이월쯤 포항에 돌아왔을 때였다. 늘 하던대로 교회 내의 아픈 사람들을 돌아보다가 한 교우 집에 갔었다. 마침 그 분도 폐결핵으로 투병 중이었기에 힘들여가며 가래를 끌어 올려 뱉어야 했었다. 방금 그 병에서 놓여난 나는 그분을 품에 안고 뱉는 가래를 받았다. 그리고 그분 때문에 담당 의사인 집사님을 만나 그분의 병 진행과 치료에 대해 물어보았다. 의사 집사님은 그 환자는 결핵 치료 약에 내성이 있는 결핵균때문에 치료가 안되고 있다고 말씀하셨다. 그때 내 가슴이 얼마나 철렁했었는지, 방금 치료를 마치고 조심해야 할 내가 치료가 안되는 폐결핵으로 고생하는 사람의 가래를 받아내며 가슴에 안고 있었다니 순간 내 건강이 몹시 걱정되었다. 더 나아가 나는 이런 내 모습에서 작은 사랑마저 온전히 베풀 수 없는 자신의 한계를 체험하고 얼마나 좌절했었는지 지금도 기억한다. 탕자와 아버지의 관계도 아닌, 앓고 있는 이웃을 향해 이정도 만큼의 사랑밖에 줄 수 없는 나의 기독인으로서의 한계를 깨달은 내게, 아직은 영적인 능력에 버거운 요구를 이 책은 하고 있다.

저자는 자신의 사색의 여정과 신앙 안에서의 씨름을 통해, 탕자로서의 여정 (큰 아들, 작은 아들 모두)을 거쳐, 조건없이, 질책없이 오직 잠잠히 사랑과 용서만으로 베푸는 아버지의 위치에 도달함으로써 우리 모두에게도 같은 길을 제시하고 있다. 저자는 우리 믿는 자들의 마지막 소명은 모두 하나님 아버지처럼 되는 것이고 우리의 일상생활 속에서 하나님의 연민 (사랑)을 살아내는 것이라고 결론짓는다.

저자의 결론을 그의 말 그대로 쓴다면, 'My final vocation is indeed to be like the Father and to live out his divine com-passion in my daily life'.

언젠가 이 순례의 여정을 끝내고 돌아가 서야 할 그곳이 있음을 알고, 또 그때 반드시 내게 던져질 " 너는 조건없이 댓가없이 얼마나 잠잠히 베풀고 왔느냐?"는 그 질문에 대한 답을 준비해야 할 시점이 바로 지금이라는 것을 새삼 깨닫게 해주었다.

수술받기 전 날

(포항 기쁨의 교회 선교 회보, 1997년)

평생을 의지하며 사이좋게 살아온 남편을 한국에 두고 LA에서 혼자 수술받기 전 날이 되었다. 입원 수속을 위해 병원에 갔을 때, 만일 내가 생사의 결정을 할 수 없는 경우를 대비하여 그 결정을 나 대신 할 수 있는 사람을 지정하는 서류를 가져오라는 말을 듣고, 그 '만일'에 해당하는 여러 서류들을 준비해 놓았다. 그리고 오늘, 수술받기 전 날, 나는 책상에 앉아 그 '만일'의 경우에 필요한 서류들을 다시 점검했다. 먼저, 유서 및 우리집 살림살이에 대한 정보, 자식이 없는 우리의 유서는 매우 간단하다. 우리 둘 중 어느 하나가 먼저 본향으로 돌아가면 남아있는 사람에게 모든 것이 남겨진다.

얼마 전 두 분의 목사님들과 식사를 하면서 자식들에게 유산을 남기느냐 마느냐 라는 문제를 토론한 기억이 난다. 한국에서 목회하시는 K목사님께서는 자신의 소유를 식구수 여섯과 하나님 몫 하나를 합하여 7등분하여 세 자녀들에게 1/7씩 나누어주고, 어머님 몫이나 목사님 부부의 몫들은 세상에서 사는 동안 쓰고 관리하며 살다가 죽으면 하나님 몫으로 돌린다는 내용이었다. 우린 슬하에 자식은 없지만 나도 K목사님의 의견에 찬성했다. 물질뿐 아니라 내 신체의 모든 장기도 쓸 수 있는 것들은 모두 기증하도록 지정했다.

다음, 나의 장례식 절차, '만일'의 경우, 이 일이야말로 가장 급한 일이 될 것이고 어쩌면 나의 바램과는 달리 보편화되어 치루어질 수 있기에 며칠 동안 이 일을 정성스레 준비해 놓았다. 먼저 LA 사람들의 관습대로 신문 광고를 하지 말도록 부탁했다. 죽은 사람에게 가장 절실한 문제는 그 사람이 드디어 생의 갈 길을 다 달려 하나님께로 귀향했는가에 있지 결코 그 사람의 살아 온 경력에 있는 것은 아니다. 평소에 생각해 왔던 대로 요란한 신문 광고를 피하고 싶었다.

그리고 나를 보내는 예배시에 불러줄 찬송가들, 평소에 좋아했던 찬송가들 중에서 선택하는 일은 그리 어렵지 않았다.

"예수로 나의 구주삼고 성령과 피로써 거듭나니...

이것이 나의 간증이요 이것이 나의 찬송일세

나 사는 동안 끊임없이 구 주를 찬송하리로다"

나는 이 후렴을 영어 가사로 부르는 것을 매우 좋아한다.

"This is my story, this is my song,

praising my Savior all the day long."

예수로 나의 구주 삼고 성령의 도우심을 받으며 한 걸음씩 차곡차곡 살아 온 나의 생이 한 편의 시로 또는 하나의 노래로 성화된 그런 찬송이기에 쉽게 골라졌다.

그리고 "내 평생에 가는 길"을 택했다. 내 일생 사는 동안 기쁨도 어려움도, 또 고통의 순간이나 성취의 순간이나 관계없이 선명하게 기억하며 선택한 찬송이다. 이것 역시 후렴의 가사가 가슴에 살아온다. "내 영혼 평안해. It is well with my soul." 죽음을 진지하게 생각하며 이제껏 살아 온 생을 뒤돌아보니, 어떠한 상황에서도 내 영혼이 평안했었다는 고백이 나와 선택한 찬송이었다.

그리고 마지막 찬송으로 "내 구주 예수를 더욱 사랑"을 택했다. 이 찬송가를 예전에는 그리 좋아하지 않았다. 그러나 나이가 들며 아름다운 죽음을 소망하며 이 찬송가가 마음에 부딪혀 왔다. "이 세상 떠날 때 찬양하고 숨질 때 하는 말 이것일세. 다만 내 비는 말 내 구주 예수를 더욱 사랑 더욱 사랑." 이것 또한 나의 절실한 소원이기에 쉽게 선택되었다.

찬송가를 고르고 나니 설교를 할 목사님을 결정할 차례다. 당연히 이 일은 옆에서 친구로 또는 동지로 살아온 남편의 몫이다. 그만이 나의 모습 그대로 이야기할 수 있기에 남편의 일로 지정했다. 책상 위에 이런 서류들을 정리해 놓고 마지막으로 하나님 아버지께 기도드렸다. "아버지, 제가 내일 마취에서 깨어나지 못한다 해도 하나님 나라에서 저의 생이 영원히 계속되기를 소원합니다."

　수술 전 날 나는 이런 죽음의 연습을 했었고 하나님 아버지의 은혜로 이번에는 이 과정이 하나의 연습으로 끝이 났다. 죽음을 직시할 수 있다면 우리는 절대자 앞에서 겸손해질 수 있으리라. 이것이 수술 전날 또 한 번 체험한 삶의 지혜이다.

계은덕 교수님께

(2017년 6월)

안녕하세요. 교수님,

오랫만에 연락드립니다. 이틀 전에 교수님께서 보내 주신 소책자를 받아 보았습니다. 교수님께서 보낸 메일이어서 무엇이 들었을까 궁금했는데 교수님께서 지내신 일들을 간략히 적어 주시고 이야기해주셔서 많은 감동을 받았습니다. 말하기 쉽지 않은 부분일 수도 있는데 담담히 적어 주시고 항상 하나님께서 계획하신 것을 받아들이려 하시는 모습에서 많은 감동이 있었습니다. 누구나 견딜만큼의 십자가를 지고 세상을 살아간다고 했는데 교수님의 십자가와, 성취 업적을 잘 이야기 해 주셔서 교수님과 더 가까워지는 것 같습니다.

제가 연세대에 있기에 그럴 수도 있겠습니다만,… 교수님께서 연세대에 계시는 동안의 이야기가 거의 없어서 섭섭했습니다. ^^ 또, 도시사 대학과의 일들이 자연히 비교도 되면서 연세대가 교수님께 많이 섭섭하게 해드린 것 같아 죄송한 마음입니다. 교수님의 글을 읽으면서 만일 교수님께서 연세대에 안오셨다면 어떠하였을까 하고 생각도 해보았습니다. 제가 요즘 연세의대 학장실에서 일을 해서 그럴 수도 있겠습니다만,… 하나님께서 130여년 전에 선교사를 보내 주셔서 세워주신 학교, 그 동안 한국의 중요한 의과대학중 하나로 성장했고 많은 의사들을 배출하여 여러 나라에서 의술을 베풀수 있는 곳으로 성장시키신 것에서 하나님의 은혜를 봅니다.

교수님께서 학문적으로는 불모지 같았던 연세의대 안과학 교실에 95년도에 오셨고 아주 짧은 기간 동안을 봉직하셨지만,… (교수님 글을 읽으니 계목사님께서 한국에 오시게된 계기와 일치하여 하나님께서 연세의대에 계획을 세우셨으리라고 봅니다)… 많은 영향을 주셨습니다. 만일 교수님께서 안계셨다면, 저와 S교수가 있었을까 하는 생각을 해 봅니다. 그러면서, 저희 교실이 어떻게 변했을까도 생각해 봅니다. 가보지 않은 길에서 어떻게 변했을지 알지는 모르겠습니다만, 하나님께서 연세의대에 오래전에 뜻을 세우시고 계획하신 일들을 교수님을 통해 이루신 것 아닌가 싶습니다. 안과가 변하면서 다른과들도 연쇄적으로 변했고, 그런 결과들이 결국 긍정적인 영향을 주었다고 자평해봅니다. 돌이켜 보면 20여년전의 일이지만 하나님께서 세우신 계획을 교수님의 소책자를 통해 다시 느끼게 됩니다.

　제가 이제 정년이 18년 남았습니다. 교수님께 지도를 받았을 때가 엊그제 같은데요… ^^ 교수님 책자를 보면서,… 제가 마칠 동안에 교수님에 대한 작은 책을 하나 내고 싶다는 생각이 들었습니다.

　　제가 미국에 갈 때마다 교수님의 이야기나 생각들을 잘 듣고 정리해야겠습니다. 물론 교수님께서 허락해 주셨으면 합니다. 한국이 미국, 일본과 비교해 잘못하는 것 중에 하나가 쉽게 잊어버리고, 은혜와 공로를 가벼이 여기는 것 아닌가 싶습니다. 잠깐 계셨지만 많은 영향을 주신 교수님께 편지를 빌어 다시 감사드립니다. 교수님께서 계 목사님과 즐겁고 평안한 시간을 보내시고 하나님의 은혜와 사랑이 함께하시길 기도합니다.

2살에서 5살짜리들의 믿음
(05/04/2016)

　이번 주 목요일엔 일본에서 교수 두 사람이 씨애틀 안과 학회에 온 김에 나를 만나러 포트랜드로 내려온다고 벌써 일년 전부터 약속이 되어 있었다. 매주 해왔던 목요일 교회 청소와 스케줄이 겹쳐, 나는 수요일이었지만 청소하러 교회를 찾았다. 마침 에제르 수요 예배가 진행되고 있었는지 교회엔 젊은 엄마들이 데려온 미취학 아이들 (2살-5살)이 자기들끼리 신나게 놀고 있었다.

　청소하려고 한 교실에 들어섰는데, 2살에서 5살 정도로 보이는 여자 아이들이 매우 열띤 논쟁을 하고 있었다.

　아이 1: 그러니까, 그러니깐 넌 예수님보다 친구가 더 좋다는거야?

　(매우 흥분한 어조)

　아이2: 응 (아이1의 강한 어조에 조금 눌린듯)

　아이1: 어째서 예수님보다 친구가 더 좋아?

　(흥분이 더욱 증가함: 마치 예수님을 대변하는듯한 어조)

　이때 내가 실수를 해버렸다. 그냥 아이들 토론하는대로 놔두었어야 했었는데, 아, 미련하게 참견을 해버렸다.

　나: 친구가 더 좋으면 안되지. 예수님이 더 좋아야지.

　(아이구, 이 주책, 이 뻔한 소리를 왜 하나???)

　웬 할머니가 주책없이 참견하자 큰 아이들 (5살 짜리들)은 교실을 퇴장한다. 그 방엔 형제처럼 닮은 작은 여자 아이들 두 명만 남았다. 그 아이들이 앉아 있는 곳으로 가까이 가서, 언니로 보이는 아이한테

　나: 너는 예수님과 친구 중, 누가 더 좋아?

　언니 아이: 예수님. 예수님이 친구보다 더 좋아.

　나: 아이구, 착해라. 그럼, 그렇지.

　언니 아이: 내 동생도 친구보다 예수님이 더 좋데요.

참, 누구집 아이들인지 신앙 교육을 제대로 받았다.

나: 너는 언니고 얘는 동생? 하니까 언니 아이가 '응' 한다.

나: 몇살이야?

언니 아이: 난 4살이고 내 동생은 2살.

나: 너희들 내 맘에 쏙 들었어. 우리 하이-화이브 할까?

지난번 주보에 목사님께서 아이들과 5월 동안 하이-화이브하라고 하셨다. 그래서 난 그 4살 짜리와 2살 짜리 아이들하고 하이-화이브를 신나게 했다.

교실에서 내려오며 약 40년전 우리가 개척 교회를 섬겼을 당시, 주일학교에서 아이들과 있었던 일이 생각났다. 야유 예배를 가서 예배드리고, 점심 먹고, 게임을 할려고 아이들을 다 모아놓고, 큰 소리로,

"I'll be your boss. You are going to listen to me and coop-erate; then we will have a jolly time." 하자마자

4살 정도 되었던 남자 아이가 대뜸,

"No, you are not the boss. God is Boss." 한다.

그애의 말에 난 얼른 백기를 들고,

"You are right, Brian. God is our Boss. But today, I'll be your leader, OK?"

아이들은 이토록 철저한 믿음, 빈틈없는 믿음, 전혀 의심없는 믿음, 오염이 되지않은 믿음을 가질 수 있다. 40년전의 그 사내 아이나 오늘 교회에서 보았던 2살, 4살, 5살 아이들처럼. 그래서 예수님께서 하신 말씀 '아이들처럼 되어야 천국에 들어갈 수 있다'를 순식간에 이해했던 순간이었다.

산에서 굴렀던 날

(11/01/2007)

가을, 한국 남도의 산들이 빠알갛게 물들고, 감나무에 달린 감들이 돌담 너머 동네 길과 또 얕은 야산을 물들이면 나는 한국으로 강의를 하러 간다. 강의가 끝나면 동생들과 함께 지리산과 그 일대를 누비는 여행때문에 근 십년 가까이 10월 말에서 11월 초를 한국에서 보내고는 했었다. 그러니까 2007년에도 어김없이 10월 24일 한국에 나가 몇군데 의과 대학에서 강의를 하고 10월 31일 서울을 떠나 동생과 함께 내장산으로 향했다. 내장산 가는 길은 단풍을 찾아나선 사람들 차로 꽉 메여 엉금엉금 기고 있었다. 동생이,

"강천사가 정읍 옆 동네 순창에 있는데, 난 한번도 가 보질 못했지만 좋다고 하던데 거기로 갈까?" 한다. "그러자."

동생은 갈림길에서 강천사 가는 길로 들어섰고 다행히 그 길은 매우 한산했었다. 더욱이 도착한 그곳은 내장산만큼이나 아름다운 단풍색으로 곱게 물들여져 있어 인파를 피해 도중에서 목적지를 바꾸었던 우리의 선택이 탁월했었음을 말해주었다. 너른 산 속이 적막할 정도로 단풍 구경을 온 사람들이 뜸했다.

강천사를 지나며 옆으로 비켜 계속 산길을 올랐다. 곧 길은 두 갈래로 나뉘었고 우린 구름 다리로 가는 산길을 택했다. 산길로 들어서자 경사가 가파라지고 갑자기 등에 진 카메라 가방이 무거워 발길을 잡는다. 얼핏 손에 들고 있던 삼각대를 길게 늘려 지팡이 삼아 짚고 올라가자는 생각이 들었다. 가던 길 멈추고 했었어야 했던 그 작업을 계속 걸어 올라가면서 삼각대의 다리를 조정했다. 그러다보니 삼각대에 고정된 시선이 좁은 산길 한가운데에 떡 버티고 서 있던 나무를 보질 못하고 그 나무에 부닥쳤었던 모양이다. 그리고는 경사진 산 계곡 쪽으로 굴러 떨어진 것 같았다. 순식간에 일어나 부닥치고 굴렀던 일은 전혀 기억에 없고 정신을 차렸을

때 이미 나는 사진기 가방을 등 밑으로 깔고 하늘을 향해 누워 있었다. 신기한 일은 오른손에는 삼각대가 그대로 쥐어져 있었고 내 왼손은 꽤 굵은 나무 그루터기를 꽉 잡고 있었다는 사실이었다. 내가 처한 상황을 깨닫자 일단 삼각대를 옆에 놓고 두 손을 이용하여 몸을 뒤집었다. 그리고 계속 잡고 있는 나무 그루터기를 이용하여 위로 올라갈려고 했었지만 등에 진 사진기 가방의 무게가 만만치않아서인지 자꾸 미끄러진다.

'아, 등에 진 사진기 가방 무게가 장난이 아니구나.' 싶어 얼른 가방을 벗었다.

앞서 가던 동생이 내가 굴러 떨어지는 소리를 듣고 달려 내려왔다. 동생에게 일단 삼각대를 올려 보내고 사진기 가방을 조금 위쪽으로 놓았다. 여태 잡고 있었던 나무 둥지를 두 손으로 붙잡고 조심조심 길 위로 올라왔다. 동생은 내가 뒤로 넘어져 등을 다쳤을까 걱정했다고 한다.

그러나 정작 구르고 있었던 내 등을 보호해주고 구르는 속도에 저항력을 주어 계곡으로 곤두박질치지 못하게 했던 장본인은 오히려 묵직한 카메라 가방이었다.

일생 살면서 누구나 이런 일들을 한두번씩 또는 서너번씩 겪는다. 다행히 이런 일이 큰 사고로 연결되어 인생이 바뀌는 경우는 극히 드물고 인간들은 이해할 수 없는 어떤 힘에 의해 감당하기 힘든 사고로부터 보호받는다. 특히 크리스챤들은 이런 일을 당할 때마다 하나님의 선하신 손길이 우리를 지켜주신 것이라고 믿어 의심치 않는다.

나 역시 예외는 아니다. 내가 어떻게 산 아래로 굴르면서 묵직한 나무 그루터기를 찾아 잡을 수 있었는지, 아직도 이해가 되질 않는다. 더구나 나무 둥지를 붙잡은 구사일생의 행위는 순간적이나마 내가 생각하고 결정해서 이루어진 것이 아니라 완전히 무의식 속에서 일어난 일이었다. 결국 나를 살린 행위를 한 사람은 내가 아니라는 결론이 나온다. 내 왼손으로 하여금 소나무 둥지를 잡게 하신 하나님의 선하신 손길이 나를 살린 것이었다. 그 날, 그 일을 생각하면 아직도, '감사드려요, 하나님.' 하늘로 편지를 띄어 보내드린다.

이생의 자랑
(11/29/2015)

나이 쉰을 넘기며, 진지하게 은퇴 후의 삶을 계획하기 시작했었다. 미국 대학에서 일하다보니 대학교 자체에서 은퇴에 대한 정보를 수시로 알려주었다. 그 때마다 참석해서 연금 제도 대신 도입된 401k 제도에 관한 정보를 정기적으로 들었다. 그러다보니 은퇴하기 십여년 전부터 나는 은퇴 후, 인생의 후반전을 어떻게 살아낼 것인가, 진지하게 생각하게 되었고, 또 은퇴 후의 삶을 위해 마음을 다해 기도드렸었다.

'아, 일년 정도 단기 선교사로 나가자. 선교지의 상황과 선교사들의 활동을 사진과 글로 써보자' 이렇게 결정을 내리고 1999년 드디어 사진을 배우기 시작했다.

은퇴를 생각하며 내린 두번째 결정은, '비록 은퇴까지는 십여년의 세월이 남아있지만, 현재 이 시간에도 내가 할 수 있는 선교 사역에 동참해보자.'였었다. 그렇게 중국에서 학원 사역을 하는 'DAWN Mission'이라는 선교 단체의 사역에 조금씩 참여했었다. 그때 들었던 생각, '지금, 비록 중국 땅에 가서 선교 사역을 할 수는 없지만, 그 사역을 위해 할 수 있는 일은 지금이라도 시작하자.' 하며 배운지 얼마 되지 않아 서툴고 미숙한 사진 12장을 DAWN Mission에 기부하여 그 단체의 미국 후원자들을 위해 달력을 만드는 사역을 2003년부터 시작했다. 그렇게 달력을 통한 나의 작은 선교 사역은 2014년까지 이어졌었다. 십여년의 짧은 기간 동안 DAWN Mission이 세웠던 학교들이 중국의 명문 중고등학교로 명성을 얻어 어느새 자립이 가능해졌다. 동시에 미국에서의 후원은 줄어들어 2015년부터 달력 제작을 중단했다. 물론 그사이 나도 은퇴를 했었기에 일년에도 몇번씩 미국과 세계로 학회를 다녔던 여행도 끝이 났다. 동시에 학회에 가 있는 동안 틈틈이 시간을 내어 여행지에서 사진을 찍을 수 있었던 기회들도 사라졌다. 이런저런 이유로 2015년 달력 만들기를 포기했었다. 그러나 약 8년 전, 필라델피아에 계시는 나의 재정 설계사 o 선생님이 DAWN Mission의 달력을 보고 그 달력 원판을 이용하여 자기의 사업체 달력을 추가로 만들기 시작했다. 이땐 약 3000부에 가까운 달력을 만들었기에 달력의 단가가 권당 약 $3이 조금 넘었었다.

올 여름 o선생님이 내게 전화를 걸고 고객들이 내 사진으로 만들었던 2015년 달력을 받지 못해 서운해했다며 2016년 달력을 다시 만들어보면 어떨가 하고 의논해왔다.

나의 반응은, "만드시는 달력 부수가 작아지면 달력의 단가가 매우 비싸지는데, 괜찮으시겠어요?" 출판사와 상의를 끝내고 o 선생님은 2016년 달력 500부를 만드시기로 결정했다. 그때부터 10월 초까지 나는 사진을 고르고 작업을 해서 출판사 담당자에게 보내고, 또 그녀가 인쇄를 위한 작업을 하는 동안 함께 참여하고 마지막으로 받은 사진 file을 보고 인쇄를 하라고 허락했다. 비록 선교를 위한 달력은 아니지만 내 인생의 마지막 달력이라고 생각하고 2016년 달력이 나오기를 은근히 기다렸다.

그리고, 받았던 달력, 아, 원본의 맛은 다 사라지고, 사진 한장 한장이 가지는 특유의 색상도, 빛도, 모두 사라진 우중충한 인쇄물의 실수… 폐기를 할 것인가, 심각하게 고민은 했지만, 그 일은 $5000을 지불할 오선생님 몫이기에 나는 그저, 마음이 심란해졌었다. 그렇게 하루가 지나고, 이틀이 지났다.

그러다가, 문뜩, 이런 생각이 들었다. '하나님께서, 이 달력을 이렇게 망치도록 방치하신 데에는 이유가 있을 것이야.' 그 이유는? 달력을 이생의 자랑거리로 생각했었던 내게 하나님이 경고하신 것이구나, 이렇게 생각되기까지 약 이틀이 걸렸다.

그리고보니, 일생 살아오며 챙겨온 이생의 자랑거리들이 얼마나 많은지! 자식이 없어서 다행이지, 나에게 자식까지 있었다면 더 많은 이생의 자랑거리를 만들려고 자식들을 얼마만큼이나 득달했었을가 생각하면, 등골이 오싹해온다. 나보다 더 나를 잘 아셔서 시시때때로 내 생각과 계획에 빨간불을 밝히시는 주님께서 이번에도 말씀하신다.

"애야, 이생의 자랑거리때문에 기뻐하지 말거라. 너의 기쁨은 나때문에 시작되어져야 하고 나에게만 머물러야 한다."

폐기하고 싶도록 맘에 들지않은 2016년 달력은 내가 이생의 자랑으로 마음을 추하게 더럽힐까봐 걱정하시는 아버지 하나님이 주신 올해 성탄 선물로 받기로 했다.

God's Footprints
(사진기와 함께 길을 나서며)

Walking in the woods or in the midst of desert, I hear something calling me. Sometimes it can be a spring blossom; sometimes it can be bountiful wild flowers covering the rolling hills; sometimes it can be a bare tree on a sunny winter day. I pause and draw myself to the object. Observing from every possible angle and deciding how to finalize the image, both in the frame of the view-finder and in my heart, are activities I have not yet mastered; but I find that I immensely enjoy the hour.

As I see the beauty of the object that our Creator has perfected in its time, I come to appreciate the eternity in my heart, which is also set by my Creator. Silent hours in the wilderness and the quest to bring the hidden beauty of an object to an appreciable form of art are the challenges that photography has given to me.

(May, 2000)

몽블랑, France
(10/07/2002)
나의 네이버 블로그: 사진이야기

몽블랑 일대의 산에는 흰 밀가루처럼 부드러운 눈이 살짝 덮혀 마치 아기의 살결처럼 촉촉했다. 하늘은 가을 하늘답게 눈길이 닿는 끝까지 푸르렀고, 흰 뭉게구름은 산꼭대기 여기 저기에 턱턱 걸려 있었다. 난 안개가 낀 날 몽블랑에 올라 오기를 바랬었는데 오히려 이렇게 맑고 청명한 날 올라와 보니 이 일대의 알프스가 눈이 시리게 흰 색으로, 그리고 파란 색으로, 시야에 가득 찬다.

케이블카에서 내리자 매서운 바람이 곧 손을 시리게 했다. 사진기를 삼각대에 고정시키고 둘레를 살폈다. 왼쪽으로 보이는 산으로 열댓명의 사람들이 걸어 내려가고 있었다. 그들을 따라 시선을 돌리니 그들이 올라가야 할 산이 바로 눈 밑으로 보였다. 그리고 그 산의 거대함이 그들을 금새 점으로 만들어 놓는다.

문득, 저들은 어떤 마음으로 저 눈덮힌 산을 묵묵히 올라가고 있을까, 궁금했다. 그 산과 같은 높이에서 벌써 고산증으로 무기력해진 나는, 한 발자국 떼는 것도 힘든 노동이 되는데, 저들은 어떠한 삶의 훈련과 인내의 과정을 거쳐 저기에 서 있는가, 궁금했다. 그리고 저들 때문에 나는 귀한 사진을 찍을 수 있었다. 저들은 두 개의 작은 점으로 내 사진 우측 아래 쪽에 찍혔다.

산다는 행위가 바로 저런 것이라는 깨달음이 온 것도 바로 촛점을 맞추고 저들을 화상에 담을 때였다. 그리고 저들의 등 뒤에서 밀어주는 거대한 힘이 있다는 것도 함께 깨달았다. 그와 같이 내 생애에도 거대한 산들이 앞을 막을 때가 있었다. 나역시 그때는 묵묵히 걸어 올라 갈 수 밖에 없었고, 그런 숨막힘을 견딜 수 있었음은 나의 등 뒤에서 밀어 주시고 계시는 하나님에 대한 믿음 때문이었다.

결국 우리는, 사진을 찍는 나나 찍히는 저들이나, 절대자에게 생명을
맡긴 피조물이라는 겸허한 생각을 하며, 한 발씩 걸어 올라가는 저들의
등반을 한참동안 바라 보았다.

어떤 친구와의 마지막 만남
(03/17/2013)
나의 네이버 블로그: 사진이야기

　과학자로 사는 동안 30년 넘게 동료라고 부르며 가깝게 지냈던 친구들이 미국에도 일본에도 또 독일에도 있다. 나의 14개월의 일본 생활을 끝내기 직전, 잿빛으로 하늘이 우울한 3월 중순, 교토에서 신간센으로 한 시간 거리에 있는 오카야마 의과대학교 생화학과및 분자 생물학과 주임교수로 있던 친구 N교수(나는 그를 ys라고 부른다)를 만났다.

　그가 초청해주어서 그의 연구실을 가보았고, 또 오카야마 성과 식물원을 다녔고 저녁엔 나하고도 친했던 그의 부인과 함께 저녁 식사를 했다. 우리에겐 뉴저지 주립 대학교와 하바드 대학교에서 서너달 함께 일했던 추억이 있다. 그가 일본으로 귀국을 함으로써 서로 멀리 떨어져 있었을 때도 몇년에 한번씩은 학회에서 만나 소식을 주고 받으며 우정의 끈을 이어갔다.

　동부 프린스톤에 사는 과학자 친구가 슬픈 소식을 전해왔다. 'ys가 죽었다'고. 물론 그가 전립선암으로 고생했었고 그후에는 당뇨와 당뇨 합병증으로 고생하고 있다고 그가 직접 말해주어서 알았지만, 누가 그렇게 빨리 떠날줄을 알았나. 올 2월 만 65세로 은퇴한다고 말해주어서 2월 내내, 그에게 카드 한장 보내야지, 하며 시간만 보내다가 그만 제대로 '은퇴를 마음다해 축하한다'라는 말 한마디도 따뜻하게 해주지 못하고 그를 떠나보낸 것이다.

　우리가 오카야마에서 만났던 날, 학교에 일이 있다고 하며 나를 오카야마 성에 데려다 주었다. 흐드러지게 피어 절정을 이룬 벚꽃이 나로 하여금 진지하게 사진을 찍게 했다. 일을 끝내고 나를 데리러 온 ys는 오카야마 식물원으로 향하며 요즘 꽃 사진찍는 취미가 생겼다고 자랑한다.

　식물원에 도착하자마자 나는 그에게 마크로로 사진 찍는 법을 알려주었다. 평소의 자기 모습대로 곧바로 실습하며 마크로 사진 작업을 진지하게 하고 있는 그의 모습을 내가 슬쩍 찍었다. 식물원 산 꼭대기까지 올라가 이름은 모르지만 자기가 좋아하는 꽃을 보여주며 ys는 매우 자족하는 모습이었다.

아, 그날도 오늘처럼 비가 주룩주룩 내렸었고 봄 속에서 활짝 핀 벚꽃들이 봄비를 맞으며 수줍어하는 모습을 사진기로 찍고 또 마음에 새기며 우리는 한 시간동안 우리의 추억을 만들었다.

그에게, 암과 싸우고 있던 그에게 내가 믿는 영생에 대해 진지하게 이야기를 해주지 못한 것이 미안했다. 그리고 그 마지막 기회를 놓친 것에 대해 하나님께도 매우 미안했다,

4

2023년에…

항암 대비 가발을 구입하며
(3/7/2023)

계절이 바뀌는 것이 이렇게 힘드는 일이었나? 싶게 올핸 봄으로의 행진이 더디다. 그것도 몹씨 더디다. 1월에 오지 않았던 빗발을 다 뿌린 후에야 겨울이 물러설 예정인지, 비는 매일 내리고, 하늘은 비 구름으로 덮혔고, 아, 그런데도 우리집 태양열판은 전기 생산을 잘 하고 있다. 요즘 같이 비오고 구름으로 덮혔는데도 전기 생산이 하루 12-16 kw가 넘으니, 참 신기하다.

창 밖으로 내리는 비가 지붕을 따라 난 물길을 따라 흐르는 소리가 꼭 계곡에서 숨어 흐르는 시냇물 소리 같다. 이번 토요일부터는 온도가 올라간다니 기대해볼만 하다. 그때쯤이면 나도 항암의 폭력으로부터 놓여나 조금은 산자의 모습을 하지 않을까 싶다. 내일, 드디어 내 생애 첫번째 항암 치료를 받는다. 어제 책상에 앉아 병원에서 보내준 책자 (30 페이지)를 읽어보니, 항암 주사 맞고 48 시간 후면 약 효과가 사라진다니, 무조건 이틀만 죽자, 이렇게 맘을 먹었다. 하나님께 사정하면서 이틀만 견디기로 했다. 수없이 많은 사람들이 거쳐 간 길, 또 수없이 많은 사람들이 살아서 통과한 길을 나도 살아서 견디기로 했다. 올해 초에 이 힘든 과정을 끝냈던 친구의 카드를 오늘 받았다. 지나고 보니 견딜만 했고 별로 힘들지 않게 지냈다고 한 친구의 위로가 마음에 와 닿았다. 결국 경험에서 나온 한 마디가 상상으로 만들어진 백 마디의 말보다 훨씬 힘이 되었다.

봄이 훌쩍 다가와 나무마다, 풀 마다 꽃을 피우는 아름다운 봄 날이 오면, 난 오늘 산 가발로 성글은 머리를 덮고, 산 넘어 시냇물 건너, 바닷가 마을이나 산골 마을로 신나게 나들이를 하고 싶다. 그리고 하늘 저편에서 나를 지키시는 아버지께 살려주셔서 감사하다고 소리치고 싶다,

생애 첫번째 항암
(3/8/2023)

오늘 드디어 생애 첫번째 항암을 시작했다. 항암 치료실 (Infusion Room)로 들어가니 벌써 20명 이상의 환자들이 안락한 의자에 앉거나 누운채 항암을 받고 있다. 스마트 폰을 보거나, 같이 온 사람과 이야기를 나누거나, 눈을 감고 쉬고 있다. 아예 어떤 중년 건장한 남자는 집에서 가져온 두터운 담요를 뒤집어 쓰고 자고 있었다. 내 자리 (약 1평 남짓 되는 공간)는 동쪽 유리창을 바라보고 있었고, 테이블 너머 건너편 자리엔 창을 등지고 한 여인이 항암을 받고 있었다. 그녀는 나에게 말을 건넨다.

"오늘이 나의 50번째 항암이에요!"

"와우, 아," 이런 감탄사 외에는 할 말이 없었다.

"난 췌장암인데 발견 당시 2개월 산다고 했었는데, 지금 2년 반동안 생존하고 있어요."

"암 환자 같지 않아요!" 정말 그녀의 피부는 정상인의 피부 같았다.

"의지적으로 암 생각 안하고 일상을 적극적으로 살고 있어요." 한다.

항암을 끝내고 집으로 가는 여인에게

"You are a real Fighter!" 하며 손을 흔들어주었다.

지금은 항암 끝난지 5 시간이 지났다. 열심히 물을 마시고 있다. 그런데 아직은 멀쩡하다. 하나님의 보호하심, 내게 자비를 베푸신 그분의 사랑!

놀라운 하나님의 은혜
(4/7/2023)

    항암 2nd cycle 회복 과정 중 읽을 책으로 '필립 얀시'의 '놀라운 하나님의 은혜'를 택했다. 새벽 0시에 일어나 그책을 들고 침대에 등받이를 대고 약 3 시간 읽었다. 그리고 난 하나님께 '무엇이 은혜인지 제가 현재 가지고 있는 문제를 가지고 알려 주셔서 감사합니다.' 기도드렸다.

    우리집은 딸만 여섯이고 난 2번, 내 밑으로 고만고만 동생들이 4명이다. 게다가 아버지는 내가 고등학교 1학년 때 벌써 환갑 노인이셨다. 그 당시 몹씨 가난했던 한국의 범 국민 운동은 '아들 교육 시키기' 였다. 불행하게도 우리 아버지는 아들이 없었기에 그일을 할 수가 없었다. 그러나 믿음의 아버지는 기죽지 않으시고, 우리에게, "여자인 너희들도 공부할 수 있으면 공부하거라" 말씀하셨다. 가난하고 여자인 우리가 공부하여 성공하는 길은 서울대학교(S)에 진학하는 것이었다. 서울대학교는 남자들에게도 어려운 대학이었지만, 그 대학에 매년 백여명 이상 합격시키는 여자 고등학교가 있었다. 바로 경기여자고등학교 (K)다. 하여 나는 곧 목표를 정해 KS를 향해 돌진했다. 워낙 의대가 목표였지만 입학은 제2지망 치과대학으로 진학했고 신나게 놀았던 예과 2년을 제외하고는, 치대 4년 동안 난 1등에게만 주는 최고의 장학금을 4년 동안 받아 결국 치대 1등으로 졸업했다. 치과의사가 되어 찢어지게 가난한 집을 떠맡아 생활고를 면할 것으로 주위 사람들이 생각했지만, 난 다시 가난한 집을 떠나 미국으로 공부하기 위해 유학을 선택했다. 내 결정이 아니라 가난한, 그것도 찢어지게 가난한 우리 아버지가 내게 말씀하신 당신의 소원, 여자인 딸도 미국 유학가서 공부하여 대학 교수가 되라는 것 때문이었다. 아버지의 바램을 이루어드리기 위해 난 주저없이 미국 유학을 선택했다.

    To make a long story, 난 미국에서 USC 의대 연구 교수가 되어 일생 내가 좋아했던 연구를 계속한 후 명예 교수로 은퇴했다. 이제 필립 얀시의 책과 연결시켜보자. 2번인 내가 KS가 되니, 3번도 KS가 되었다. 4번은 K로 고등학교 진학을 못해서 S 대학 진학이 불발되었지만, 5번과 6번 모두 KS가 되었다. 내 바로 밑 동생 3번에 대한 나의 섭섭함때문에 요즘 며칠 마음이 편치 못했다. 언니가 죽음을 앞 둔 암과 싸우기 위해 최선의 노력을 하고 있는데 전화가 없고 위로 카드도 없어서 그애의 무심함이 영 맘에 들지 않았다. 저보다 형편이 좋지 않은 4번 동생은 LA에서 올라와 내 곁에서 일주일을 봐주고 갔고 서울대 명예교수로 은퇴한 5번 동생은 5월에 서울에서 날라오는데 말이다. 하여 남편한테, "왜 카드 한 장 보낼 마음을 가지지 못할까?" 하며 내 불편함을 토로했지만, 나보다 착한 남편은 그대로 이해하라고 나를 다독인다.

"놀라운 하나님의 은혜"를 통해서 하나님은 갚을 수 없는 하나님의 은혜를 입은 내가 (만 달란트라는 천문학적 빚을 탕감받은 자)가 겨우 노동자 석 달치 월급의 빚을 진 동생을 용서못하고 있는 '내 모습'을 보게 해주셨다.

항암에 익숙해지며

(4/7/2023)

어제 드디어 항암 2nd cycle의 첫번째 주사를 맞았다. 요즘은 방법이 발달하여 아예 신체에 port라는 작은 기구를 항암 전에 시술해 넣어준다. 그리고 매번 그곳 (고무로 되어 있어 전혀 새지 않는다)에 한번의 주사로 수없이 많은 약들이, 수혈 (infusion)된다. 이런 기술 발전의 혜택을 받는 나로서는 처음부터 하나님의 은혜를 체험한다. 내 경우는 한번에 거의 4 시간 정도 동안 4 가지 약과 식염수를 맞는다. 식염수가 계속 몸속으로 들어가니 보통때보다 화장실을 자주 간다. 그럼, 콘센트에서 코드를 빼어 바퀴 달린 기구에 달고 주렁주렁 매달린 주사줄을 정리한 후 조심스레 밀면서 화장실을 다녀온다. 어제는 길 나선 김에 나랑 같은 시간대에 치료받는 동료들을 보러 나들이를 했다. 마지막 코너에 내 나이와 비슷한 여인을 보았다.

"Hi, Oh, you have curtain!" 내 코너엔 없었는데 하며 말을 걸었다. 세번째 항암받으러 왔다고 하니까 그 여인은 자기는 4번째 항암이고 곧 수술한다고 해서 잠시 부러웠다. 난 12번을 끝내야 수술 여부를 알 수 있는 더 심각한 경우였지만, 그 여인에게 밝게 웃으며, "수술 잘 될거에요" 하고 내 자리로 돌아오며 그 여인을 위해 잠시 기도를 했다.

항암 받는 날이 7일 중 가장 컨디션이 좋다. 왜냐면 7일 동안 몸을 추스렸기에 고갈된 체력이 가장 좋은 날이기 때문이다. 하여 돌아오는 길에 장도 보고 집에 돌아와 샤부샤부를 만들어 4시30분경 저녁을 먹었다. 오늘 저녁은 소금기가 많으나 맛있고 변비랑 싸울 각오로 먹는 채소를 많이 넣은 샤부샤부, 최상급 고기 filet mignon 소금 구이를 흰밥 누룽지탕과 함께 먹어, 내일부터 항암의 부작용과 싸울 준비를 나대로 했다. 첫번 사이클 동안엔 담도에 넣은 stent가 너무 아파서 아무것도 먹지 못하고 "하나님, 아파요!!!!" 만 석주 동안 외쳤는데, 이번엔 통증이 많이 줄

었고, 또 단백질과 채소로 체력 보강을 해두어 조금 낫지 않을까 기대해
본다. 이렇게 암환자들도 각자의 방법으로 암과의 투쟁에서 이기기 위
한 싸움을 하는데, 올해 우리 동네 봄은 아예 싸울 힘조차 없는지 아직도
제대로 꽃을 피워내지 못하고 있다. 지금쯤 마을엔 연분홍 벚꽃과, 하얗
고 화사한 꽃분홍 더그우드꽃, 그리고 야생화들이 만발하고 있어야 하는
데,,,.

라벤더 농장에서 받은 위로
(4/15/2023)

어제 항암을 받았으니 이틀째부터는 기력이 쇠해지고 저녁부터는 끙끙 앓기 시작하고 나의 가장 큰 과제 변비와의 전쟁이 시작된다. 설사제를 먹기에 아랫배가 아프고 잘못하면 변은 딱딱한 돌로 변하기때문에 변비와의 싸움은 온 힘을 다해 임해야 한다. 적어도 사흘째에는 변비 문제를 풀어야 나머지 며칠이 편해진다. 바로 지금이 변비와 싸움을 시작한 시간이다. 변비가 생기는 이유는 항암 시 구토 방지약을 IV 로 투여하고 알약으로도 먹이는 철통 방비를 병원에서 받는다. 항암의 가장 큰 적이 구토이지만 그래서인지 아직 난 구토로 힘든 적은 없었다.

어제 항암이 끝나고 늦은 점심을 사먹고 내가 좋아하는 라벤더 농장으로 향했다. 그곳은 작년에 이미 주인이 은퇴 선언을 해서 올해부터는 public에게 문을 열지 않고 Farmer's Market 을 통해서만 꽃을 판매한다고 한다. 어쨌던 주인 부부와 난 9년 동안 관계가 좋았다. 그 농장은 내가 본 라벤더 농장 중, 가장 관리를 잘하고 아름답고 꽤나 넓다. 하여 화가들이 좋아하는 곳이다. 거기다 안주인이 야생화를 라벤더 옆으로 아름답게 키워, 보라색과 흰색, 녹색, 그리고 하늘색이 주종이 된 이 너른 구릉에 빨갛고 노란 색을 덧칠해주고 있다.

주인Bill이 내가 들어오는 것을 보고 반가워 나온다. 난 그에게
"나, 지금 항암받고 여기 오는 중이에요" 했다.

그의 눈이 더 커지기 전에 "나, 암이에요" 하니까 나를 꼭 안아준다. '암'이라는 단어는 순식간에 마음을 통하게 한다. 둘이 집 안으로 들어가 안주인에게도 암환자라고 실시간 고백을 했더니 그녀도 나를 꼭 안아준다. 그들이 올해, 정말 문을 열지 않는지 확인하러 왔다고 하자, "문을 안 열지만, Dr. Kay에게만은 특별 입장권을 줄 것이니까, 아무때나, 친구들과 와서 피크닉도 하라"고 무제한 입장을 허락해준다. 문을 설치하면 전화

96

만 걸면 문을 열어주겠다고 한다. 순간 행복이 마구 흘러들었다. 이 아름다운 라벤더 농장에서 여름 두달을 보낼 생각을 하니 기쁨이 샘솟는다.

내가 어떻게 이들과 친해질 수 있었을까? 난 내가 좋아하는 곳을 친구들과 친지들에게 자랑하는 습관이 있어서 지난 9년 동안 나를 통해 많은 한국인들이 이곳을 방문하고 자기들도 이곳을 사랑하는 사람들이라고 흐뭇해했다. 게다가 난 라벤더를 많이 사서 멀리 사는 친구들에게도 우편으로 보내주었다. 그리고 농장 사진을 아름답게 찍어 선물로 주니 무척 좋아했다. 그렇게 고객이 되어 자연히 부부와 친해졌다. 이렇게 전혀 몰랐던 사람과 아름다운 관계를 가짐으로 우리는 서로로 인하여 행복해진 것이다.

올해 이 농장, 사람들이 전혀 없는 이 농장에서 친구들과 작은 피크닉을 가질 생각을 하니 기쁘다. 7월 5일에 내 마지막 항암을 마치고 여기서 축하 파티를 할 수 있지 않을까? 하나님께 편지를 보낸다. "그렇게 해주세요"라고.

항암 과정 절반이 끝나고
(5/5/2023)

어제 드디어 내 항암 치료 과정의 반이 끝났다. 3 cycles (6번 항암)이 앞으로 가야 할 길이다. 언제나 그랬듯, 항암 받은 날과 그 다음 날 반절은 상태가 매우 양호하다. 아직 항암제의 효과가 내 몸에 폭풍우를 만들기 전이다. 지난 주 항암 후, 나는 매우 힘들었다. 항암제의 폭력과 더불어 담도에 넣은 stent가 막혀 다시 통증이 유발되었고, 항암의 side effect로 야기된 심각한 갑상선 기능 저하증으로 몸이 몹씨 피로했다. 그렇게 화요일까지 살고 나서 수요일 아침에 회복된 기력으로 아침을 맞았다.

수요일, 내가 사랑하는 제자 L교수 부부가 나를 보러 온다. 1990년대, 미국의 대학교들은 global 정책으로 교수들의 겸직, 즉 다른 나라에서 교수직을 받아 양쪽에서 일할 수 있는 기회가 있었다. 남편이 한국에서 목회했기에 USC 의대 교수직은 유지하며 바로 이 global 정책으로 연세대 의과대학 안과에 연구 교수로 일하기 시작하다가 아예 교수 발령을 받았다. 그때까지 한국의 안과계는 연구를 제대로 시작하지 못했다. 정부에서 연구비를 지원받아야 하는데 연구비의 경쟁률이 심각했다. 하여 나는 연구 교수로 일하며 가장 먼저 정부에 grant를 써서 제출했고 연세대 안과가 드디어 정부 연구비를 당당하게 받았다. 즉시 안과 실험실과 연구실을 만들어 먼저 레지던트를 훈련시켰다. 연구를 해본 적이 없는 임상과이다보니 레지던트들은 그리 연구에 관심이 없었다. 다행히 연구에 재능이 있는 레지던트가 보이더니 그들 중 한 명은 아예 하루 일이 끝나면 연구실로 돌아와 나랑 밤 10시까지 실험을 했다. 바로 그가 지금 안과 교수로 있는 L 교수이고 바로 그 부부가 나를 보러 수요일 일부러 포트랜드까지 왔다.

수요일 아침 으시시했던 날씨는 물러가고 부드러운 봄바람이 부는 햇살 가득한 날, 나도 항암 후 처음으로 장거리 여행을 나섰다. 하루 안에

볼 수 있는 포트랜드에 명소 두 곳, 멀트노마 폭포와 콜럼비아 강 계곡을 볼 수 있는 비스타하우스 (Vista House), 다행히 두 곳은 가깝게 있기에 한데 묶어 갈 수 있었다. 관광 후 Chart House라는 꽤 분위기가 좋은 식당으로 갔다. 이 식당은 꽤 높은 언덕 위에 자리했고 바로 밑으로 콜럼비아 강이 바쁠 것없이 유유히 흐르고 4 계절 눈을 이고 있는 후드산과 아담스 산까지 볼 수 있도록 전면은 창으로 되어 있다. 기대대로 L교수 부부는 좋아했고 우리는 거기서 Fillet Mignon으로 저녁 식사를 했다. 그리고 나의 연세대 시절을 이야기하며 참 좋은 시간을 보냈다. 그리고 그들은 떠났다. 그들과 함께 했던 수요일 반 나절은 어느새 그리움이 되었다. 그리고 '난, 참, 추억과 좋은 기억이 많은 사람이구나!' 하며 그런 일생으로 인도하신 주님께 감사했다.

잠깐 방학 중
(5/30/2023)

　5월 19일 한국에서 동생이 들어와 함께 아흐레를 지냈다. 일생 대학교에서 강의하고 책을 출판하며 공부만 하기에 집에서 음식을 거의 해먹지 않았던 것으로 알고 있었는데, 어찌나 쉽게 또 맛있게 음식을 만드는지 놀래버렸다. 아뭏든 동생 덕으로 잘 먹어서 그동안 항암 치료와 세번에 걸친 stent 교체 시술때문에 빠졌던 체중이 많이 돌아왔다. 뼈만 남았던 팔에 살이 붙었고 허벅지에도 근육이 조금 돌아왔다. 약 8년 만에 만났지만 할 이야기는 무궁무진. 역시 혈육은 가장 가까운 사이인 것 같다. 어제 한국으로 돌아간 동생 빈 자리가 마음과 몸에 느껴진다. 동생이 와있는 동안 항암 치료를 받았지만 동생에게 포트랜드 구경을 시킬려고 한 시간 남쪽으로 있는 아이리스 정원을 다녀왔다. 날씨는 약간 쌀쌀해서 중무장을 하고 나섰다 (항암 치료 동안 유독 찬 바람에 오한을 많이 느낀다). 꽃은 추운 봄 날씨 덕에 오히려 절정이었다. 아뭏든 아름다운 봄날을 동생과 함께 즐겼다.

　난 8번의 항암 치료를 끝내고 지난 토요일 CT-scan을 했다. 내 암의사가 그동안의 치료 효과를 보고 이후의 치료 계획을 하고 싶다고 내린 결정이다. 게다가 7번과 8번 항암 치료시 부작용으로 심각한 알러지 현상이 일어났다. 8번 치료시엔 항암제 하나를 40% 정도 맞고, 알러지가 와서 담당 간호사가 내 암의사에게 연락하자 그가 와서 알러지가 잡히면 그냥 집으로 가라고 했다. 상황이 이러하니 내 의사도 치료 계획을 조금 변경해야겠다고 생각이 들었나보다. 하여 난 지금 방학 중이고 6월 5일 의사와 만날 때까지 몸 보신을 할 예정이다.

　내 암은 처음부터 수술할 수가 없어 죽음을 기달려야 하는 case였다. 처음 만났던 외과의사가 오른쪽 담도에 암이 있으면 간을 절제할 수 없어서 수술이 불가능하다고 말해주며 항암부터 시작하라고 했다. 다행히 함께 있었던 남편은 그 말을 온전히 이해하지 못해, 내가 항암이 끝나면 곧바로 수술실로 간다고 믿어왔고, 나때문에 너무 힘들어하는 남편에게 그 마지막 사실을 알려줄 수가 없었다. 아시안들에게 담도암은 그리 희귀한 암이 아니기에 오히려 한국의 전문의들이 훨씬 치료를 잘한다. 반면에 서구인들에게 담도암은 희귀한 암이기에 내 수술 의사도 일생 48 case만 수술해 보았다고 이실직고를 했다. 그래서 나 혼자, 하나님께 미국의 현대 의학이 할 수 없지만 하나님만은 하실 수 있는 그 일-내 담도에 있는 암을 하나님께서 직접 소멸시켜 저로 하여금 수술이 가능한 case로 옮겨달라고 기도해왔다.

삶의 끝에서 나를 기달리는 것은 암담하고 슬픈 죽음이 아니고, 죽음은 천국으로의 귀향을 시작하는 기쁨이라고 알려주신 주님께서 주신, 하늘의 평화는 지금도 내 속에서 평화롭게 잘 있다. 평화를 주신 분이 하나님이시니, 뭐, 그리 걱정이나 불안이라는 인간의 쓸데없는 감정 낭비는 처음부터 없었다. 단지, 나를 의지하고 살아 온 남편이 불쌍해서, 그리고 75세 라는 젊은 나이에 이곳을 떠나는 것이 안타깝다고 눈물을 흘리는 남편때문에 내 마음이 아팠기에, 내가 '산 자의 땅'에서 머물려고 피눈물나는 노력을 하는 것이다. 나를 몹씨 사랑하는 친지가 보낸 단백질 가루와 야채 가루를 요즘은 매일 두유에 타서 마시고 있다. 특히 야채 가루는 맛이 하도 고약해서 온 몸에 소름이 끼친다. 그래도 코를 쥐고 거르지 않고 마신다.

'인간의 대지'에서 쌩텍츄베리의 친구 기요메가 한 일-인간이 할 수 없는 그 일-을 나도 하고 있다. 안데스 산맥에 비행기가 추락하여 안데스 산맥의 눈길을 걷다가 드디어 그가 쓰러졌다. 죽는 것이 훨씬 쉬웠지만, 그 때 그는 가족 생각을 했고, 보험 생각을 했고, 여름 눈이 녹아 자기의 시신이 발견되지 못하면 가족은 4년 동안 살 길이 막막해진다는 생각에까지 흘러, 그는 자기 몸을 눈 앞에 보이는 큰 바위 위에 눕히기 위해 일어섰다. 그는 일어서서 그 바위가 아니라 삶을 향해 다시 걷기 시작했다. 바로 그일을 나는 나대로 하고 있다. 몸서리가 칠 정도의 고약스런 맛이

지만 과일과 야채를 먹지 못하는 내게 가장 필요한 영양소가 있기에 마시고 또 마시고 있다.

바로 이것이 우리가 사랑하는 사람들에게 목숨을 걸고 해야 할 의무라고 생각한다. 내게 주어진 의무를 다 하고 하나님께 내 삶을 온전히 의탁하며 어떤 결론이라도 감사하는 평안까지 선물로 받았기에, 현재 살아있음에, 그 삶을 이어가기 위해 필사적인 노력을 하며, 하나님의 뜻을 기다리는 이 시간, 나는 만족한다.

나의 힘들었던 하루

(6/10/2023)

오늘, 며칠 전에 겪었던 '힘든 하루'를 써 볼까 한다. 내 암의사가 8번의 항암 치료를 하고 잠시 쉬었다가 가자고 하며 CT-scan을 했는데 결과가 stable (즉 암이 줄지도 커지지도 않은 상태)-암의사는 당연히 기대치에 못미친 결과때문에 고민을 한 것 같았다. 게다가 마지막 두번의 항암 치료에서 항암제 한 개에 보인 나의 알러지 반응이 심각했다. 이 두가지 일로 6월 4일 주일 날 아침, 유투브로 예배를 드리고 났었는데, 마음에서 조그만 불안이 생성되기 시작했다. "왜 8번의 항암의 효과가 미미할까?", "왜 갑자기 부작용이 시작되는가?"

의사는 나를 다른 Kaiser medical center로 이동시키기로 했다. 이제까지는 clinic에서 항암 치료를 약 5 시간 받으면 끝이 났었는데, 이제부터는 병실에 하루 입원해 있으면서 나의 항암제에 대한 반응을 관찰하며 해독 과정을 간호사의 세심한 주도 하에 받게 된다.

이 과정을 의사가 내 담당 간호사한테 목요일에 order했는데 다음 주 월요일 아침까지 내가 치료받아야 할 병원에 예약이 안되어 있었다. 전화를 걸어보니 내 담당 간호사는 월요일, off day, 그러니 수요일 항암 치료를 받기 위해서는 당장 예약이 필요한데 그녀는 아무 것도 하지 않고 하루를 쉬고 있는 것이었다. 나는 다른 간호사와 연결하여 상황을 설명하니 그녀가 30분 안에 내가 가야할 병원에 예약을 해주고 더 나아가 내가 준비해야 할 모든 것을 정리하여 보내주었다. 주일날 스멀스멀 불안이 생기며 월요일 아침 모든 상황이 종료될 때까지 나는 그 불안을 키우며 잠시 하나님께서 내게 주신 평화를 잊고 있었다. 반년 만에 처음으로 느꼈던 불안이었다. 나도 이렇게 가끔은 무너질 때가 있다.

사랑의 빚을 갚은 라벤더꽃묶음
(6/29/2023)

　지난 3월 교회에 공식적으로 "나는 암 환자가 되었습니다"라고 발표하고 곧 항암을 시작했기에 지난 석 달동안 교회에서 예배드리지 못하고 집에서 유트브로 예배를 드렸다. 물론 남편은 나없이 교회에 참석하여 예배드리고 사랑방 식구들과의 교제를 나누었다. 어쩜, 남편에게는 그 사귐만이 요즘 생활에서 할 수 있는 유일한 사회 생활일 것이다. 집에서는 끙끙 앓는 아내 수발을 젊지 않은 몸으로 해야 했기에 남편도 많이 힘들어 하고 있다. 그래도 그가 나이에 맞지 않게 건강해서 참 감사했다. 그랬던 그가 열흘 전 갑자기 오한이 나며 하룻밤을 앓고 그 다음 날도 일어나지를 못했다. 바로 그날 LA에 사는 동생이 도착하는 날이었기에 내가 공항까지 운전하여 가서 동생을 데리고 왔다. 물론 환자 혼자 보내는 것이 걱정된 환자 남편이 나를 따라 나섰지만 몹씨 힘들어해서 나를 더 걱정시켰다. 그 때 배운 노인 부부들의 생존 법칙: 두 사람이 동시에 아프면 안된다.

　동생은 워낙 음식을 잘 해서 그 다음 날부터 우리집 식탁이 달라졌다. 옛날 엄마가 빚었던 손만두를 빚어서 맛있게 먹여주고,,,, 하여 나도 라벤더 농장에 동생을 데리고 갔었다. 일찍 피는 라벤더가 활짝 피어 있었다. 물론 이 농장은 더 이상 public 상대로 'u-pick'을 하지 않고 Farmers' Market에서 주말마다 꽃과 라벤더 상품을 팔고 있다. 그러나 나는 주인 부부의 사랑으로 그 농장을 아무때나 갈 수 있는 특권을 가지고 있다.

　이날은 내가 주문한 25개의 부케를 사러 간 날이었다. 25개나 되는 부케를 산 이유는 지난 3 개월동안 먹을 것이나, 꽃이나, 자신들이 줄 수 있는 사랑을 담아 나를 위로해준 교우들에게, 나도 "베풀어주신 사랑에 조금이나마 감사드리며"라고 쓴 작은 카드와 함께 부케 한 다발씩 드리기로 결정해서 주문한 라벤더였다. 주인부부가 나를 반기며 라벤더 밭에서 사진을 찍어도 괜찮다고 해서 동생에게 아랫밭 웃밭의 라벤더를 보여주고 25개의 라벤더 꽃다발을 차 뒤에 실고 농장을 나섰다.

오늘은 멀리 사는 친구들에게 보낼 라벤더를 사러 갈 예정이다. 사랑은 이렇게 주고 받을 때 행복을 만든다. 하나님은 사랑이시기에 우리 또한 서로 사랑하며 살기를 바라신다. 그리고 이런 작은 사랑의 교류가 우리 인간들 사이에서 피어나기를 바라신다. 암으로 힘든 삶을 살아내고 있지만 사랑하는 사람들때문에 행복을 깊게 맛보는 나날들이다. 그래서 나는 하늘을 바라보고,

"아버지, 감사합니다. 저를 택하여서 이 고통의 때를 걸으라고 하셔서요!" 그리고,

"저보다 앞서서 걸으시면서 저를 인도해주셔서 감사합니다." 했다.

조금씩 산자의 땅으로
(7/12/2023)

어느새 계절은 여름으로 달려왔고 나의 암 투병 역시 반년이 넘었다. 지나보니 감사한 순간이 고통의 순간보다 훨씬 많았다. 구태여 숫자로 표시한다면 90%의 감사와 10%의 고통이다. 게다가 이 고통은 담도관에 넣은 stent때문에, 그것도 수술을 잘하지 못하는 의사의 시술때문에 야기된 것이지 항암때문에 야기된 것은 아니었다. 지난 5 개월동안 stent 교체 시술을 4번 받았고 그중 두번은 내 의사 (실력이 출중)가 했고 두번은 고통-야기 의사가 했다. 의사의 수술의 차이가 그토록 다르다는 것을 실감했다. 그럼 90%의 감사는 어디서 왔고 누구에게 받았는가? 암 진단을 받기도 전에 하나님께서 내 마음 깊숙히 선물로 주신 평안이 '감사'의 기초가 되었고, 그후로는 내게 부어주는 친지들, 교우들의 사랑과 기도가 뼈대를 쌓아주었다. 게다가 나를 큰 언니가 아니라 아버지처럼 바라보며 함께 늙어가는 동생들이 먼 길을 마다 않고 와주어 내게 힘이 되어준 것, 등등등. 그들의 기도없이 내가 여기까지 왔을까 싶다. 암투병을 시작하며 '나의 주님께 드리는 하루 감사' 일기를 쓰기 시작했고 그 노트에 내게 꽃 한 송이라도 보내준 교우들과 친구들의 이름을 기록해왔다. 기록이 남다 보니 그들에게 나도 감사의 표현을 하고 싶었고 올 여름 라벤더가 활짝 피었을 때 40개의 부케를 사서 그들에게 감사의 인사를 했다.

요즘은 후반기 치료 계획을 하고 있다. 다음 주에 내 암의사와 만나면 후반기 치료 계획이 대충 알려질 것 같다. 요즘은 한가지 일에 꽂혀있다. 일생 읽어왔던 성경의 인물들 중, 온전히 이해하는데 일생이 걸렸던 아브라함 (믿음의 조상이라고 불리우는 이유에서 걸렸다), 야곱 (우리의 오해보다 훨씬 나은 사람임에도 욕을 바가지로 먹는), 베드로 (젊은 시절의 베드로의 왈가닥 성품때문에 그의 사도 시절의 미덕은 알려지지 않은), 그리고 솔로몬 (늙은 나이에 우상 숭배를 해서 하나님을 배반했던 그를 난 결코 용서못하는데, 그의 성경 안에서의 위치는 부동이다)에 대해 글을 써 보자고 발동을 걸고 있다. 이렇게 조금씩 '산자의 땅'으로 걸어들어가고 있다. 그리고, 하나님께서 하신 말씀, "네가 필사적으로 내게 매달리면 내가 온갖 곤경에서 너를 구해 주리라 (시편 91-14)"를 시시때때로 상기하고 있다.

중간 계획
(7/12/2023)

아침마다 동네 길을 걷는다. 혼자 걸을 때도 있고 남편과 함께 걸을 때도 있다. 항암 치료를 받은 날부터 2-4일 동안은 체력이 바쳐주질 못해 하루 종일 누워 있어야 한다. 그러나 닷새째 되는 날부터는 그럭저럭 기력을 찾고, 정신력도 강제로 회복시켜 걸으러 나간다. 항암 치료는 3주가 one cycle이다. 즉 첫주 수요일에 치료 받으면, 다음 주 수요일이나 목요일에 두번째 치료를 받는다. 그리고는 일주일을 쉰다. 하여 3주가 one cycle이다. 지난 월요일 내 암의사를 만나러 갔더니, 내 치료제의 한 종류인 cis-Platin이라는 항암제가 미국 전역으로 동이 났단다. cis의 형제인 carbo-Platin으로 대치해야 한다고 한다. 나로서는 바꾸는 것에 장단점이 있다. 장점은 장기 치료에 의한 약의 독성이 내 몸을 조금씩 공략하고 있음을 알기에 cis보다 덜 독한 carbo로 바꾸는 것도 좋을 듯 싶었다. 반면에 단점은 12번 치료로 cis의 치료 효과를 알 수 있었는데 이제 6주 남은 항암 치료 과정에서 새로운 약의 효과를 예측할 수 없다는 점이다. 그러나 이제껏 그래왔듯이 하나님께서 앞서 가시며 계획하시기에 묻지 않고 순종하기로 했다.

어차피 9월엔 항암을 중단하고 한국에서 받을 수술 준비를 해야 한다. 하여 9월 27일 서울에 도착하여 10월 초 병원에서 필요한 검사를 마치고 수술을 하게 된다. 이렇게 일이 진행되어 3월 초에는 생각도 못했던 수술을 할 수 있도록 나의 투병 과정을 세심하게 인도해오신 하나님께 감사드린다. 미국에서 내 암 (담도암)은 희귀 암이다. 반면에 한국에서 담도암은 9번째로 발생율이 높은 암이다. 내 암의사도 한국의 의료 시스템이 매우 좋다는 것을 인정하며 오히려 좋아한다. 왜냐면 초기부터 내 외과 의사는 내 암은 수술이 가능하지 않기에 항암으로만 치료를 받아야 한다고 주장해왔기 때문이다. 이제 모든 것이 하나님의 계획대로 진행된다. 주님의 뜻대로 나의 치료 과정이 순조롭게 이루어지기 위해 나의 친지, 친구들에게 기도를 절실하게 부탁한다. 나 또한 하늘을 향해, "자비를 내게 베푸소서, 주여"를 날마다 올려 보낸다.

요즘은 동네 길을 걷는다. 시내가 흐르는 넓은 초원은 개발의 손길에서 살아나 우리들에게 큰 즐거움을 허락한다. 걷는 길 양 옆으로 덤불을 이룬 black berry가 이제 까맣게 익기 시작한다. 하얀 앤여왕레이스꽃, 보라색 엉겅퀴꽃, 노란 민들레꽃, 하얀 크로바꽃 등이 길 옆을 수놓아 그런대로 시골 운치를 풍긴다. 엉겅퀴가 이른 봄에 싹트고 새로 태어난 순한 잎사귀를 강원도 사람들은 곤드레 나물이라고 이름을 지어주고 따다가 곤드레 밥을 지어 먹는다. "어디 곤드레 나물을 찾아볼까?" 하며 보라색 꽃 밑으로 붙은 잎사귀를 보니, "아이구, 가시가 장난이 아니다". 이른 봄철에 갓 태어난 잎사귀만 곤드레인가 보다 하며 겸손하게 물러섰다. 사과나무엔 사과가 많이 달려 있어 좀처럼 크질 못한다. 올 봄에 사과꽃이 나무 전체를 하얗게 덮었을 때부터 올핸 잔챙이 사과가 엄청 달릴 것이라고 알아버렸다. 내가 서울로 떠날 때쯤엔 빨갛게 볼살이나 오를까? 궁금하다.

담도암의 길을 걷게 하신 하나님께 드리는 감사
(8/11/2023)

안내 글: Larry Osborne목사님의 저서 '바벨론에서 그리스도인으로 살기'를 2022년 여름 다시 읽으며 나도 영적 훈련소에 가고 싶다는 생각을 했었다. 그 훈련소의 훈련이 무척 힘들다는 생각이 들었지만 그래도 그곳에서 훈련받고 싶다는 갈망이 있었다. 이렇게 하나님께서는 나를 영적으로 미리 준비시키시고 내게 '담도암'이라는 미국의 의학으로는 수술조차 못하는 가장 절망적인 과정으로 나를 몰아 넣으셨다. "그래 영적 훈련을 갈망했으니 받아야지!" 그렇게 하나님의 사랑과 계획이 담긴 담도암 속으로 나는 어느날 들어가 있었다. 그래서 난 첫날부터 '감사했고' 첫날부터 하나님이 주신 선물 '평화' 속에서 이 과정을 살아내고 있다. 그리고 나는 감사한다, 이 사망의 음침한 골짜기를.

1. 남편이 아니라 제게 담도암을 허락하심, 감사합니다. 고집과 끈기가 있는 제가 암의 과정을 계목사보다는 더 잘 견딜 수 있습니다.
2. 동생들이 아니라 제가 이 길을 가고 있음에 감사합니다. 네 명의 동생들 모두 육체에 약함을 가지고 있어서요. 이 힘든 길을 그들이 걷는 것을 볼 수 없을 것 같아서 제게 주신 주님께 감사합니다.
3. 담도암 진단은 없었지만 제게는 출발점이 되었던 2023년 1월 3일, 하나님께서 제 마음 깊숙히 심어주신 평화 (평강, 평안) 감사합니다. 이 평화의 선물이 오늘도 제 속에서 저에게 말로 표현할 수 없는 평화를 허락하고 계십니다. 항암 치료를 받고, stent 시술을 받고 육체에 아픔이 깃들어 하루 살이가 힘들 때 조차, 그 평화는 제 속에서 저를 유지해주셔서 감사합니다. 그래서 전 두려움과 불안을 가지고 않고 암과 함께 살고 있습니다.
4. 항암 치료의 부작용이 생각보다 적어서 감사합니다. 무엇보다도

많은 사람들이 고생하는 구토가 없어서 감사합니다. 아마 항암 치료 중 가장 먼저 몸 속으로 들어오는 구토 방지제가 구토 방지를 제대로 하는 대신 전 심한 변비 증세를 받았습니다. 변비와의 싸움 또한 만만치 않지만 그래도 항암 받고 3-4일 동안 투쟁하면 해결이 됩니다. 변비는 결국 약으로 해결되기에 그길로 인도하신 하나님께 감사합니다.

5. 6월 초부터 받기 시작한 면역 치료제가 제 암과 잘 싸워주고 있어서 감사합니다. 많은 환자들이 면역치료제의 치료를 받지 못한다고 합니다.

6. 항암의 기간이 길어짐에 따라 항암제의 약효가 누적되어 저에게도 Neuropathy (제 증상은 발가락 전체와 그 근처 발바닥에 마비 현상)가 계속되고 있습니다. 의사의 말에 의하면 항암이 끝나면 그 증상이 사라질 것이라고 합니다. 이 모든 것을 주께 의탁하고 그저 감사할 따름입니다.

7. 미국엔 담도암 환자가 극소수인지라 치료및 수술이 전혀 개발되지 못해 거의 대부분 항암으로 치료를 하고 있습니다. 그러나 담도암은 한국에서 환자가 많아 수술및 치료 시술이 매우 발달되어 있습니다. 하나님께서 1990년 계목사를 한국으로 보내셔서 10년간 목회를 하게 하셨습니다. 하여 저는 USC 교수직을 가진채 한국 연세대에서도 방문 교수를 거쳐 정식 교수로 발령받아 USC와 연세대에서 반년씩 일했습니다. 연세대에서 안과 교수로 일하는 동안 훈련시켰던 레지던트가 이제는 안과 교수 (L교수)로 학교와 안과 학계에서 거장이 되었습니다. 한국에서 내 소식을 들은 L교수가 연세대 외과 교수들 중 담도암 권위자들을 찾아 상의하고 제게 연락을 해왔습니다. 그일이 5월에 시작되어 9월 27일 서울로 들어가 10월 초에 강남세브란스에서 수술을 받습니다. 저를 집도할 Lim 교수님의 소견에 의하면 수술이 가능하다고 합니다. 이 가능성을 주신 하나님께 감사합니다.

8. 계목사가 지난 8개월동안 큰 병없이 건강하게 저를 돌보아 주고 있어서 감사합니다. 젊지 않은 나이로 새벽부터 일어나 음식을 준비하고, 기도로 저를 격려하고 함께 찬송부르며 지내고 있습니다. 지난 8개월동안 제가 고난의 길을 걷는 동안 집안 일을 도맡아 하고 있습니다.

9. 수많은 친지, 교우, 친구, 동생들이 저를 위해 기도뿐 아니라 여러 모로 도움을 주어서 감사합니다.

10. 동생들이 저를 위해 일부러 한국과 LA에서 와주어 음식맛을 잃은 저를 위해 여러모로 수고하며 먹을 수 있는 음식을 만들어 주어 제 기력을 채워주었습니다. 배려하는 동생들때문에 감사합니다.

11. 저희는 매일 찬송가 하나와 기도하는 시간으로 하나님께 감사와 경배를 드립니다. 찬송가의 가사와 곡조가 얼마나 은혜스러운지, 저는 매일 위로받고 기쁘게 하나님의 음성을 듣고 있습니다. 믿는 가정에서 태어나 어린 시절부터 교회에서 자라 찬송가를 배워 일생 부르게 하셔서 참 감사합니다. 찬송가는 부를수록 가사와 멜로디에서 은혜를 받습니다.

12. 아침에 약 3500-4000보를 걷게 하셔서 감사합니다. 항암받고 첫 2-4일은 침대에 누워 지내나 그래도 한 달의 반 정도는 걷고 있습니다.

13. 입맛도 없고, 단 음식은 아직도 먹지 못하나 복숭아, 참외를 조금씩 먹고 있습니다. 그래도 저의 쾌유를 위해 기도하시는 분들과 남편을 위해 억지로라도 조금씩 먹고 있습니다. 다행히 구토가 없어서 감사할 따름입니다. 특히 단 것을 먹지 못하는데 두유를 마실 수 있어서 곡물 가루를 타서 먹어 단백질을 보충하고 있음에 감사드립니다.

14. 이 힘든 과정을 함께 걸어주시는 주님, 감사합니다.

닷새동안의 행복
(9/18/2023)

9월 1일에 17번의 항암을 끝내고 회복하는 시간 동안, 남가주에서 친구 가정이 올라왔다. 친구는 고등학교 동기이고 친구 남편은 내 치대 동기이다. LA와 Orange County에서 다시 만나 거의 60년 가까운 세월을 함께 했다. 우리가 오레곤주로 이사온 후로, 친구 부부는 우리 동네 바닷가에서 조개를 캐는 재미로 일년에 한번씩 올라왔다. 그 친구들이 내가 수술받기에 합당한 기력을 회복해야한다고 하며 일부러 닷새동안 올라와 우리집에서 함께 살며 음식을 해줬다. 두 분 모두 요리를 잘한다. 먹을 것이 아니라 요리! 친구 남편 (Dr. Lee)은 김치를 엄청 잘 담군다. 내가 남가주에 있었을 때 Dr. Lee 한테 김치 강습을 받고 집에 와서 배운대로 담궜다. 그러나 영 맛이 아니었다. 그러자 내 남편은 나더러 재수강하고 오라고 한 마디 한다. 아뭏든 요리 전문가 두 명이 부엌을 장악하고 음식을 만들어 주고, 넷이서 이런 저런 옛이야기를 나누며 보냈던 시간이 벌써 추억 속으로 파묻혔다.

항암의 후유증으로 아직도 난 발바닥에 온 neuropathy 때문에 제대로 서는 것이 힘든다. 하여 가끔씩 넘어진다. 지난 목요일 새벽, 화장실 가느라고 일어서다가 또 넘어져 책상 모투리에 오른쪽 갈비뼈를 다쳤다. 이른 새벽이지만 즉시 주치의에게 편지를 보내고 chest x-ray를 요구해서 그날로 x-ray를 찍었다. 결과가 나오자마자 의사는 fracture가 있지만 어긋나지 않아서 6주 안에 자연히 healing 될 것이고 수술에는 영향을 미치지 않을 것이라고 알려주었다. 이 사건을 하나님께서 내게 주신 경고라고 생각한다. 몸이 회복되며 예전의 성격이 슬금슬금 튀어나왔다. 빨리 걷고 반응하던 내 옛 모습을 보시고 하나님께서, "아 이러다간 뼈 다쳐서 한국에도 못가겠네" 하시며 갈비뼈에 금가는 낙상을 허락하셨다고 혼자 생각해보았다. 아뭏든, 이 낙상 후에 난 매우 조심조심 걷고 있다.

온전치 못한 발바닥을 의식하며.

　가을, 그러면 난 '사과' 한다. 사과를 엄청 좋아하는 내가 올핸 사과 한 조각 먹지를 못했다. 단 것에 대한 내 미각의 이상한 선택 기준에서 사과는 탈락되었다. 그래도 사과는 아직도 내가 좋아하는 과일이다. 언젠가 내가 암과의 싸움을 이긴 날, 난 사과를 먹을 것이다.

서울에서
(10/01/2023)

　서울에 도착한지 며칠이 지났다. 여긴 추석 연휴로 도시 전체가 한산한 분위기로 여유만만이다. 그러나 성묘길은 전혀 다른 이야기. 어제, 즉 추석 다음날, 동생 두 명과 부모님이 계신 새문안동산 (경기도 파주)에 다녀왔다. 몇 년 전 납골당을 지어 땅에 묻혔던 시신들이 모두 화장되어 이곳으로 옮겨졌다. 이 과정을 여기에 사는 두 동생이 담당했고 난 처음으로 이곳을 찾았다. 부모님은 그 모습 그대로 찍힌 사진과 함께 작은 공간에 계셨다. 성함이 낯익은 장로님 두 가정이 이웃으로 계셨다. 가고 오는 길에 추모 공원이 많아서인지 좁은 시골 산길은 차로 정체되어 있었다. 부모님 뵙고 오후 2시 반 경에 점심을 먹으러 마을로 내려와 내가 먹고 싶었던 청국장을 먹으러 가니 그곳엔 한 시간을 기다려야 입장이 가능했다. 얼른 포기하고 다른 곳으로 가니 이곳은 아예 손님조차 받지 않는다. 우여곡절 끝에 매우 한산한 고기 전문집을 찾으니 우리까지 두 팀의 손님. 고기는 먹지 않는다고 하니 곤드레밥이 있다고 해서 그것으로 일단 허기를 채우고, 막내 동생이 싸온 송편을 몇개 먹고 집으로 향했다. 가는 길 역시 정체. 마침 강원도 찰옥수수를 쪄서 파는 아저씨가 보이기에 3 개를 사서 옥수수를 씹으며 "아, 이것이 한국 추석 풍경이었지!" 싶었을 때 우리는 다시 텅빈 서울 도로로 돌아와 있었다.

　피곤하다고 퍼져있는 나를 동생이 달래어 산길로 데려가 걷게 한다. 그러나 내 상태가 그리 좋지 않아 난 약 3500 보 정도 걷고 집으로 돌아온다. 난 아직도 암 환자이고 금이 간 오른쪽 갈비뼈는 조금씩 좋아지고 있지만 항암 부작용인 neuropathy는 계속 진행 중이다. 하여 걷는 것이 불안하고 자주 넘어질려고 한다. This is my story as of October 1, 2023.

수술날자가 정해졌어요
(10/01/2023)

드디어 강남세브란스에서 내 수술 의사 (Dr. 임)을 만나 수술 날자를 결정했다. 10월 9일 입원하고 11일 수술이다. Dr. 임도 미국의 내 surgeon과 같은 의견으로 내 암은 매우 힘든 암이라고 말한다. 그러나 난 하나님께서 1월에 주신 평화로 묵묵히 받아들인다. 더구나 한국에서 수술 생각도 하지 못했던 내게, 연세대 이교수를 통해 여기까지 와서 수술을 앞두고 있기에 난 하나님의 선하신 계획을 무조건 신뢰한다. 오늘 새벽 묵상 시간에 로마서 8장 32-39절을 읽고 묵상하며 내 마음에 주시는 하나님의 계획을 확인했다. "나의 담도암도 나를 그리스도의 사랑에서 끊을 수 없다. 그리고 난, 나를 사랑하시는 그리스도 예수로 말미암아 넉넉히 이기리라." 나를 위해 기도하시는 여러 친지들 중, 내가 수술받는 날, 금식 기도를 하시겠다고 또 자기의 기도 모임에 금식 기도를 요청했다고 문자를 보내셨다. "아, 내가 이런 사랑을 받을 자격이 있나?" 하면서도 그분들의 진실한 사랑에 감사드릴 뿐이다. 나를 사랑하고 아끼는 분들을 위해 나도 암과 싸워 넉넉히 이기기를 기도하고 기도한다.

삶의 책임

(12/09/2023)

마지막 소식을 보낸지 두 달이 지났다. 그사이 난 수술 받기 위해 강남 세브란스 병원에 갔다가 수술대 위에서 수술 불가의 판정을 받았다. 암 덩이를 깨끗이 제거할 방법이 실력 좋은 의사에게도 보이질 않았다. 의사는 일주일 후에 퇴원해 미국으로 돌아가 항암 치료를 받으라고 했다. 다행히 연세대 교수로 있는 제자가 나를 미국 우리 집까지 동행해주었다 (10월 19일). 그리고 난 석 주 동안 죽음으로 다가간 힘든 세월을 보냈다. 온 몸의 기력은 거의 소진되었다. 지난 8개월동안 한번도 해보지 못한 구토를 물만 마셔도 해댔고 석 주 동안 아무 것도 먹지 못하고 침대에서 끙끙 앓았다. 특별히 통증은 없었지만 그냥 기력이 완전히 쇠진되어 침대에서 일어나 앉을 수 조차 없는 석 주의 삶을 살고 있는데, 남편과 동생들, 친구들이 "제발 일어나 음식 좀 먹어"한다. 그래서 난 뼈에 가죽만 걸친 사그라진 몸을 일으켜 음식을 조금씩 먹기 시작했다. LA에 사는 친구 가정은 그런 나를 보기 위해 부부와 의사 아들까지 올라 와 절실한 기도를 해주고 제발 살아달라고 부탁을 했다.

그래서 나는 다시 살기 위해 버티기로 다짐했다. 그러기위해서는 몸무게를 늘려야 하는데 생각만해도 몸서리가 처지는 음식을 먹기 위해 처절한 씨름을 해야했다. 다행히 20년 전에 들어두었던 Long Term Care 보험을 신청하여 care giver가 와서 음식을 정갈하고 맛있게 준비해주어 그런대로 먹기 시작했다. LA 친구 의사 아들은 내게 Ensure를 꼭 마시라고 신신당부를 했고 남편은 내게 하루에 Ensure 두 병씩 마시게끔 했다. 아직도 단 음식이 입에 맞지 않기에 죽기 아니면 살기로 몸서리를 치며 마시고 있다. 나를 염려하는 남편과 친구들을 위해서 나역시 최선을 다해 살고 있다. 산다는 것은 어떤 상황에도 남을 위한 삶을 살아내야 함을 아픔의 절정에서도 뼈저리게 체험하고 있다.

그렇게 몸을 추스리고 다시 항암 치료를 시작하고, liver biopsy, stent 교체 시술 및 다른 시술을 받았다. 동네 길을 걷기 시작했고 집 안팍으로 크리스마스 장식을 했다. 그렇게 나의 겨울은 시작되었다. 길가에 수북히 쌓인 낙엽을 보며 지난 세월동안 가 보았던 가을 산들을 기억에서 꺼집어 내어 감상했다. 미국 동북부의 현란한 가을 단풍숲, 북가주 씨에라 네바다 산맥의 샛노란 백양나무 숲, Zion 국립 공원의 점잖은 가을 풍경, 아, 그리고 한국의 내장산, 백아산, 지리산, 소백산, 문경새재, 등등의 가을. 암으로 꼼짝을 못하는 난, 이렇게 올해도 빨갛고 노랗게 물든 가을 산들을 즐겼다. 젊었던 시절의 여행이 남긴 아름답고 귀한 모습들. 과거의 추억이 지금의 내게 즐거움을 주는 삶을 허락하신 하나님께 감사한다. 2023년의 가을도 여전히 내겐 아름다운 세월이었다, 비록 암이라는 골리앗과 싸우지만.

새해 인사

(01/11/2024)

올해 처음, 날수로는 한 달만에 사진이야기에 들어왔다. 그사이 몸 상태가 그리 나쁘지는 않았지만, 한 달 동안 써 왔던 글쓰기 작업을 끝내고 교회 출판 담당자에게 어제 드디어 원본을 보내 책 만들기 작업을 시작했다. 웬 책? 이렇게 물으신다면,,,

작년 초 벼락같이 맞이한 담도암으로 한 해를 힘들게 보냈다. 어느 정도 투병 생활에 익숙해지자, 원래의 내 성격으로 돌아와, "아, 이렇게 시간 낭비를 할 수는 없지!" 하며 하루의 삶을 이끌어 갈 성경 말씀을 묵상하고 그것을 글로 표현하자고 결심했다. 그리하여 시편 23편을 내 묵상할 말씀으로 결정하고, 말씀이 내게 주는 생각을 글로 써 내려갔다. 그 글의 제목은, "Oh, I love you Lord"로 정했다. 약 7년 전 만들었던 작은 책자와 이번 글을 합해 작은 책으로 만들기로 했다. 정식으로 인쇄하기 위하여 출판사에 의뢰하는 것이 아니라 교회에서 인쇄에 합당한 file을 만들고 그것을 Office Depot에서 책으로 제본하기로 했다. 그러나 어쩜 교회에서 이용하는 인쇄소를 통해 책을 만들 수도 있을 것 같다.

5

예수님의 눈길

예수님의 눈길 - 삭개오 (누가복음 19:1-10)
2024년 1월 12일

믿는 자들이 종종 겪는 어려움은 우리의 촛점이 항상 예수님께 꽂혀 있지 않다는 것이다. 나처럼 암을 앓고 있는 사람도 가끔씩 마음이 방황을 하며 예수님을 떠날 때가 있다. 예수님에 대한 마음이 식어 있을 때 어떻게 다시 예수님께 집중할 수 있을까? 하며 문제 해결을 위해 곰곰이 생각해보았다. 그 때 언젠가 남편 계목사가 했던 삭개오에 대한 설교 생각이 났다.

일단 삭개오를 알아보자. 삭개오는 여리고의 세리장이었고 부자라고 성경은 말한다. 로마 정권에 아부하여 세리장까지 올라간 삭개오는 과연 어떤 사람이었을까? 세리장까지 승진한 것으로 보아 그는 일단 언어 (로마어)에 장벽이 없었고 세금을 다루는데 필요한 지식에 능통했고 더 나아가 지도력도 있었던 것으로 보인다. 그리고 기왕에 동족 유대인들에게 죄인이라는 낙인이 찍힌 몸이기에 그는 권력을 이용하여 부정하게 세금을 걷어 부자가 되었다. 그러하기에 삭개오는 정신적으로 매우 황폐했고 그의 영혼은 언제나 불안했었을 것이라 생각된다. 그때 들려온 예수님의 이야기는 그에게 작은 회생의 불씨를 짚힌 것 같았다. 바로 그 예수님이 여리고를 지나신다는 소식을 들었다.

여리고를 지나시며 예수님은 마음에 삭개오를 두신 것 같았다. 예수님을 한번 보기만해도 좋겠다는 바램으로 키 작은 삭개오가 올라간 돌무화과나무 밑에서 예수님은 걸음을 멈추시고 눈을 들어 삭개오를 보셨다. 그리고 한없이 부드러운 소리로,
"삭개오야 속히 내려오라. 내가 오늘 네 집에 유하여야 하겠다." 먼저 말씀을 거셨다.

그때 삭개오는 급히 내려와 즐거워하며 예수님을 자기 집으로 안내했다. 그는

"제 소유의 절반을 가난한 자들에게 주겠으며 만일 누구의 것을 속여 빼앗은 일이 있으면 네 갑절이나 갚겠나이다." 라고 순식간에 내린 자기의 결심을 예수님께 기쁘게 보고했다. 삭개오의 결심은 평소의 그로서는 생각해본 적이 없는 엄청난 사건이다. 세리장으로 동족 유대인들에게 모진 욕을 먹어가며 축적한 재물을 그는 예수님을 만난 사건으로 기쁘게 포기했다.

난 삭개오의 마음을 이해해야 했다. 이런 결심이 어떻게 가능할 수 있을까? 하여 나는 여리고로 들어가시는 예수님을 따라 걷기 시작했다. 많은 사람들이 뒤따르는 예수님이 갑작이 어떤 나무 아래에서 멈추시고, 나무 위를 쳐다 보신다. 그리고 이 세상 누구도 들어볼 수 없었던 부드럽고 따사한 목소리와 이 세상 누구도 본 적이 없는 사랑의 눈길로 삭개오를 바라보셨다. 그 눈길과 그 목소리에 삭개오는 자기도 사랑받는 사람이라는 것을 즉각적으로 알아챘다. 그것도 자기가 그렇게 뵙기를 갈망했던 예수님의 사랑을.

삭개오로 하여금 자기 삶의 절대 목표였었던 재물을 포기하게 했던 것은 예수님의 자애로운 눈길이었다. 예수님의 눈길엔 예수님이 삭개오의 모든 죄에도 불구하고 용납하고 용서하고 사랑하신다는 예수님의 진심이 담겨있었다. 그것을 보고 깨달았던 삭개오는 세상 그 어느 누구도 하기 힘든 결단을 했던 것이다.

간혹 내 마음이 식어가며 예수님에게서 멀어지면 나는 일부러 나무에 오른 삭개오를 바라보시는 '예수님의 눈길'을 그려본다. 그리고 나도 그 눈길로 위로받고 다시 마음을 모두어 예수님께 집중한다.

예수님의 눈길 - 마르다 (누가복음 10장 38-42)
2024년 1월 13일

예루살렘 근처 베다니에 살고 있었던 마르다, 마리아, 나사로 가정: 큰 오빠 나사로는 매우 착하고 조용한 사람 같았고 막내 마리아 또한 조용하고 소극적인 성격으로 보인다. 반면 마르다는 맏딸처럼 적극적이고 사리 분별이 확실하고 무서운 사람이 별로 없이 할 말 다하고 사는 사람이다. 어느 날 예수님과 그의 제자들 (적어도 12명 이상)이 베다니를 지날 때 마르다는 그들을 자기 집으로 초대한다. 손 큰 마르다이기에 가능한 초대이다. 필경 식사 때 일 것이고 마르다는 이미 예수님을 하나님의 아들로 믿고 있었기에 기쁘게 초대했었을 것이다. 예수 일행을 초대하고 보니 준비해야 할 음식의 양이 방대함을 마르다는 깨달았다. 그리고 모든 일을 완벽하게 하는 그녀의 성격때문에 그냥 스프와 빵 (한국식 식사: 밥과 김치)만으로 대접하기엔 용납이 되질 않았다. 하여 그녀는 일단 잔치집 음식에 버금가는 음식 준비를 하느라고 발을 동동 구르고 있었다. 마땅히 자기를 도와야 할 마리아는 예수님 발꿈치에 앉아서 말씀을 경청하고 있었다.

열받은 마르다는 예수님께로 달려가 예수님께 무엄하게 명령을 한다.
"주여, 부엌 일을 저 혼자 하고 있는데 마리아에게 명하셔서 저를 도우라고 해주세요."
그때 주님은 "마르다야 마르다야 네가 많은 일로 염려하고 근심하는구나."하시며 눈을 들어 화가 난 마르다를 부드럽게 바라보셨다. 예수님은 자애로운 목소리로 "한 가지만이라도 족하고 네 동생 마리아는 이 좋은 편을 택하였다!" 라고 진리를 알려주셨다. 예수님의 눈길과 음성에서 안정된 마르다는 다소곳하게 부엌으로 돌아갔을 것이다. 예수님의 눈길은 신경질을 부리며 예수님께 화를 떠트린 마르다의 마음을 온전히 회복시키셨다. 이 본문을 가지고 수없이 들었던 설교는 교회를 섬기는 사람들은 '마르다 형'과 '마리아 형'이 있고, 각자 자기의 성격대로 마르다로 또는 마리아로 섬기라는 것이었다. 이 이분법 해석에 공감하지는 않았지만 젊은 시절 난 '마르다'로 살기를 선택했다.

이후에 난 '마르다의 세상에서 마리아의 마음갖기'라는 책을 읽었다. 그 책은 우리에게 마리아의 마음으로 하나님과 함께 하는 시간에 우선순위를 두라고 충고한다. 불행히도 현대를 살고 있는 우리들에게 이 충고는 쉽게 따를 수가 없다. 왜냐면 우리는 마르다의 세상이 주는 속도감에 위협을 받기에 어떤 사역을 하기에 앞서 신실하게 하나님과의 시간을 오붓이 만들 마음의 여유를 가질 수가 없다. 물론 많은 사역들을 기도로는 시작하지만 마리아처럼 온전히 예수님 발 밑에만 앉아 있을 수가 없는 것이다.

마르다와 마리아의 두 신앙 형태를 온전히 이해하고 싶었다. 그간 나의 사역의 형태를 자세히 들여다보니 나의 기도는 다분히 형식적이고 의무에 의해 드릴 때가 많았다. 결국 마르다처럼 앞에 놓인 산더미같은 긴급한 문제때문에 기도할 때조차 온전히 주님께 집중하지 못할 때가 많았음을 알게 되었다. 주님을 섬기는 일에는 마르다식 또는 마리아식, 이원론이 존재하면 안된다는 것을 절실히 깨달았다. 나는 마리아처럼 주님께 기도로 온전히 집중한 다음 마르다처럼 내 능력을 다해 열심히 봉사하는 길만이 답이라는 것을 깨달았다. 물론 여기엔 더 깊은 해석이 있겠지만 이글의 목적은 단순히 교회에서 봉사할 때의 우리의 자세에 대한 내 생각을 써본 것이다. 예를 들어 부엌 봉사를 위해 교회에 와서 가장 먼저 할 일은 아무 소리도 들리지않는 조용한 곳을 찾아야한다. 그리고 하나님 앞에 겸손히 앉아 그분의 음성과 계획을 듣고 분산된 우리 마음을 주님의 뜻에 맞추어 기도하는 일이다. 그후에야 부엌으로 향해가서 행주치마를 걸쳐야 한다.

예수님의 눈길 - 수가마을, 우물가의 여인 (요한복음 4:3-42)
2024년 1월 14일

　　예수님 일행이 유대를 떠나 갈릴리로 올라가는 길에 사마리아의 수가
라는 동네에 잠시 머무셨다. 때는 정오, 아침 나절을 걸어오셨던 예수님
은 피곤하셔서 우물가에 앉아 쉬시고 제자들은 동네로 끼니를 사러 들
어갔다. 그때 사마리아 여인 한 사람이 우물에 물을 길러 왔다. 예수님은
그녀에게 "물을 좀 달라"고 하셨다. 그 여인은 물을 길어 한 바가지 예수
님께 건네 드리지 않고, 왜 유대인이 사마리아 여인인 자기에게 물을 달
라고 하느냐고 하며 넌지시 말을 이어갔다. 그 여인은 예수님의 부드러
운 눈길과 말에서 일생 그녀가 놓치고 살아왔던 사람들과의 대화가 예수
님과는 가능하다는 것을 즉시 알아챈 것같았다. 자기가 사는 동네에서조
차 소외자로 외롭게 살고 있었던 여인은 예수님과 대화를 하고 싶었다.

　　이렇게 인종, 문화, 종교, 성별, 도덕의 장벽들, 즉 인간이 만든 모든 선
을 뛰어 넘으신 예수님의 눈길에서 그녀는 안심하고 그동안 굶주려 왔던
사람들과의 만남을 시도했다. 그녀는 왜 나에게 물을 달라고 하느냐는
예의에 벗어난 질문부터 시작했다. 필경 그녀의 어조는 시비조가 아니라
사람들과의 대화에 굶주린 사람의 어조였으리라. 그때 예수님은 "네가
만일 하나님의 선물과 또 네게 물을 좀 달라 하는 이가 누구인 줄 알았더
라면 오히려 그에게 구하였을 것이요, 그가 너에게 생수를 주었을 것"이
라고 응답하셨다. 여인은 다시 그동안 사람들과 하고팠던 말을 조곤조곤
물어보며 대화를 이어갔다. 예수님은 슬슬 본론으로 들어가시며 "내가
주는 물을 마시는 자는 영원히 목마르지 않을 것"이라고 하셨다. 그리고
남편을 불러 오라고 하자 그 여인은 드디어 자기 실존의 아픈 곳을 건드
리시는 예수님께 솔직하게 고백했다. 남편이 없다고. 그러자 예수님은
같이 살고 있는 남자도 또 그 이전의 다섯 남자도 모두 그녀의 남편이 아

니니 네 말이 참되다고 응답하셨다. 자기의 과거를 꿰뚫어 아시는 예수님이 그녀에게는 선지자로 부각되었다. 과연 그녀는 영혼의 갈증을 남자들에게서 찾기 위해 성적으로 문란한 삶을 살아왔었다. 예수님은 그 여인에게 "내가 주는 생수의 본질"을 알려면 먼저 네가 그동안 그것을 어떻게 얻으려 했는지를 알아야 한다. 너는 그것을 남자들에게서 얻으려 했지만 소용이 없었다. 남자에 대한 욕구가 너를 산 채로 삼키고 있다면 앞으로도 늘 같을 것이다." 즉 그녀가 죄인됨을 예수님은 차근차근 설명하셨다.

부드러운 눈길로 자기를 대하는 예수님께 그녀는 자기 속에 품고 있었던 신앙에 대한 질문, 즉 어디에서 예배를 드리는 것이 옳으냐고 묻는다. 예수님은 마지막까지 친절하게 답을 주신다. 우리들이 예배드릴 곳은 물리적 장소가 없더라도, 즉 영이신 하나님께 드리는 예배는 우리들의 진실한 자세, 즉 영과 진리로 예배드려야 한다고 알려주셨다. 메시야, 즉 그리스도를 언급하는 그녀에게 예수님은 "네게 말하는 자가 그라"하셨고 그말을 듣자마자 그녀는 동네로 뛰어 돌아가 메시야가 (그리스도) 바로 우리 동네 우물 가에 계시다고 큰 소리로 외치며 온 동네 사람들을 주님께로 인도했다.

한 여인, 일생 잘못된 방법으로 영혼의 갈증을 풀려고 했었던 수가 마을 여인은 드디어 자기 죄를 인식하고 메시야 그리스도를 만났다. 그 주님은 오늘날 우리에게도 같은 복음을 선포하신다. "내가 주는 물은 외부 환경에 의해 결정되지 않고 영혼에 깊은 만족을 준다. 나는 너희들의 그리스도이다"라고.

예수님의 눈길 - 음행한 여인 (요한복음 8:3-11)
1월 15일

예루살렘 성전에서 사람들을 가르치시는 예수님 앞에 서기관들과 바리새인들이 기세등등하게 음행중에 잡힌 여자를 끌고 와서 예수님 앞에 세우고 말했다.

"이 여자가 간음하다가 현장에서 잡혔나이다. 모세는 율법에 이러한 여자를 돌로 치라 명하였거니와 선생은 어떻게 말하겠나이까"

예수를 고발할 아주 좋은 건수를 만든 이들은 의기 양양하게 예수님을 다구쳤다. 그러자 예수님은 몸을 굽히시고 손가락으로 무언가를 땅에 쓰셨다. 그들이 기대했던 답은 두 가지로 압축되었고 그 답들은 예수님을 잡아 고발할 조건들 다 가지고 있었다. 즉 "돌로 치라" 하시면 그 여인을 죽이라는 뜻이고 "놓아 주라" 하면 모세의 율법을 어기는 상황이 된다. 그들의 머리 속에는 이 두 가지 중 하나를 예수께서 답하리라 라는 확신을 가지고 만든 상황극이었다.

예수님의 대답이 급했던 그들은 재차 물었다. 그러자 예수님은 일어나 "너희 중에 죄 없는 자가 먼저 돌로 치라" 하시고 다시 몸을 굽혀 손가락으로 땅에 쓰셨다. 이 말씀을 듣고 양심에 가책을 받은 노인들부터 젊은이까지 하나씩 현장을 떠나고 그곳엔 정적과 그 여인과 예수님만 남았다. 그제야 일어서신 예수님이 여자에게 묻는다. "너를 고발하던 그들이 어디 있느냐. 너를 정죄한 자가 없느냐" 그 여인은 감히 예수님을 바라보지 못하고 "없습니다"라고 대답했다. 그러자 예수께서 그녀를 바라보시며 "나도 너를 정죄하지 아니하노니 가서 다시는 죄를 범하지 말라" 라고 부드럽게 말씀하셨다.

성경엔 그 다음 이야기는 없지만 예수님의 용서를 받은 여인은 아마 일생 예수님의 부드러운 눈길과 음성을 기억하며 적어도 같은 죄는 물론 어떤 죄라도 쉽게 짓지는 않았을 것이다. 이 사건에서 우리는 한가지를 더 생각해보아야 한다. 왜 예수님은 흥분된 관중들에게 아무 말씀도 하지 않으시고 몸을 굽혀 땅에 무언가를 쓰셨을까? 어느 목사님의 설교에서 들었던 기막힌 해석을 나누고자 한다. 예수님은 흥분한 사람들에게 흥분을 삭힐 시간을 주셨다는 것이다. 매우 공감할 해석이다.

죄많은 여인을 정죄하시지 않고 부드러운 눈길로 그 여인을 죄의 노예에서 풀어주셨던 예수님. 그 예수님은 지금 이 순간에도 우리를 기다리고 계신다.

예수님의 눈길 - 막달라 마리아 (요한복음 20:1-18)
2024년 1월 17일

팀 켈러목사님은 막달라 마리아가 최초의 그리스도인이라고 정의내렸다 (책: 인생질문). 사실 막달라 마리아에 대한 정보는 여러 갈래로 전승되어 오지만 성경에는 누가복음 8장 2절에 일곱 귀신이 들렸던 여인이 '막달라인이라 하는 마리아'라고 서술되어 있다. 병 고침을 받은 후 그녀는 예수님의 제자가 되어 3년을 함께 다녔다. 예수님과 그 일행을 3년동안 섬겼던 세 명의 여자들 중에 하나로 기록되어 있는 것을 보니 그녀는 재력을 가지고 있지 않았을까 싶다. 그녀에 대한 기록은 예수님이 골고다 언덕 십자가에서 우리 인생들을 위하여 죽으시던 현장에 다시 나타난다 (요한복음 19:25). 그녀가 예수님의 어머니와 이모와 글로바의 아내 마리아와 함께 십자가 곁에 서 있었다고 써 있다 (요한복음). 돌아가신 예수님의 시체를 아리마대 요셉이 거두어 니고데모와 함께 유대인의 장례 법대로 향품과 함께 세마포로 싼 후 동산 안에 있는 새 무덤에 안장하는 것을 그녀는 따라가 알아두었다. 안식 후 첫날, 즉 우리의 부활절 아침, 예수님 시신에 바를 향료를 가지고 무덤에 갔었던 막달라 마리아는 다시 살아나신 예수님을 가장 먼저 보았고 메시야 그리스도로 믿는 최초의 그리스도인이 되었다.

막달라마리아가 요한복음 20장에 기록된 부활하신 예수님을 만나는 장면을 살펴보자.

안식 후 첫날, 무덤에 갔던 그녀는 돌이 무덤에서 옮겨진 것을 보고 일단 베드로와 요한에게 달려가서 사람들이 예수님의 시체를 옮겼다고 보고한다. 하여 베드로와 요한이 무덤으로 달려갔고 베드로와 요한은 무덤에 들어가서 세마포와 머리를 쌌던 수건이 놓여 있는 것을 보았다. 그러나 두 제자는 빈 무덤을 보고도 예수님이 예루살렘으로 올라가시면서 고난을 받으신 후 사흘만에 살아나실 것이라고 네 번씩이나 해주셨던 그 말씀은 떠올리지도 못한채 그냥 집으로 돌아갔다.

반면 막달라마리아는 예수님의 시체를 잃어버렸다고 무덤 밖에 서서 울고 있다가 무덤 안을 들여다보았다. 그때 두 천사가 예수의 시체가 뉘었던 곳 머리와 발 쪽에 앉아 있는 것을 보았다. 천사가 그녀에게 왜 우냐고 묻자, 사람들이 예수님의 시체를 다른 곳으로 옮겼는데 자기는 그 장소를 모르기 때문에 운다고 대답한다. 그리고 뒤로 돌이켜 예수가 서서 계신 것을 보았다. 예수님은 그녀에게 "여자여 어찌하여 울고 누구를 찾느냐"라고 물으셨다. 마리아는 그가 동산지기인 줄 알고 옮긴 장소를 알려주시면 자기가 가져가겠다고 대답했다. 그 때 예수님이 "마리아야" 하고 그녀의 이름을 불렀고, 그 부드러운 음성을 알아챈 그녀는 "랍오니" 하며 예수님을 붙들려고 했다. 그러자 예수님은 그녀에게 자기의 형제들 (제자들)에게 가서 자기가 곧 하나님께로 올라간다고 알리라고 말씀하셨다.

이렇게 막달라마리아는 부활하신 주님을 처음 본 그리스도인이 되었다.

빈 무덤을 보았을 때 "아, 예수님이 죽으신지 사흘만에 살아나신다고 하셨지!"라는 생각을 베드로도, 요한도, 그리고 그녀도 하질 못했다. 그 당시 문화와 종교는 '부활'을 이해조차 할 수 없는 배경이었기에 그 누구도 예수님의 말씀을 기억조차 못했을 것이다. 인간은 본성상 영적으로 눈먼 상태이기 때문에 진리를 볼 수 없다. 마리아는 그 확실한 증거 (빈 무덤)을 보고도 부활을 생각조차 할 수 없었다. 그래서 믿음은 하나님의 초자연적 개입이 없이는 불가능하다. 즉 우리의 힘으로는 믿음을 얻는 것조차 불가능하다. 즉 우리는 은혜로만 믿음을 얻을 수 있다.

예수님의 눈길 - 베드로 (요한복음 21:15-18)
2024년 1월 18일

나는 베드로를 꽤 친근하게 생각한다. 사도가 되기 전의 베드로의 성격은 나랑 비슷했다. 골목대장 기질도 있고 지도자의 자질도 있으나 머리에 떠오르는 생각을 한번 더 재고해보지 않고 그대로 내뱉는 성격, 등이다. 그리하여 그는 보트에서 나와 성난 풍랑으로 뒤집어지고 있는 갈릴리 호수 물 위를 몇 발자국이나마 걸어본 사람이 되었다. 또 가이사랴 빌립보 지방을 지나시가다가 하신 예수님의 "너희는 나를 누구라 생각하느냐?" 라는 질문에 누구보다 먼저 "주는 그리스도시나이다"이라고 정답을 말했다. 그 결과 그는 예수님으로부터 베드로 (반석)라는 이름을 받고 그 반석 위에 예수님의 교회를 세우시고 천국 열쇠까지 주시겠다는 확언을 받았다. 그런데 예수님이 예루살렘에서 잡혀 죽임을 당하고 사흘 후에 살아날 것이라는 놀라운 말씀을 하시자, 그는 냉큼, 그런 일이 일어나지않게 하겠다는 소신도 말했다. 그러자 "사탄아 물러가라" 라는 예수님의 책망을 받았다. 이런 성격이기에 그는 최후의 만찬을 먹는 자리에서도 또 큰 실수를 또 해버렸다. 예수님이 제자들에게 자기가 그들을 떠날 것을 알려주시자, 베드로는 자기는 주를 위하여 목숨을 버릴 각오가 되어 있다고 장담했으나 결국 그는 예수님의 말씀대로 대제사장 집 여자 하인 앞에서 예수님을 세 번이나 부인했던 것이다. 그날밤, 그 장소에서 베드로가 용기를 잃은 것을 나는 비난할 수 없다. 세상 어떤 사람이라도 그 현장에 있었다면 모두 예수님을 배반했었을 것이다. 결국 베드로는 예수님이 돌아가시는 십자가 앞에도 나타나지 못하고 떨어진 곳에서 심한 자책으로 괴로워하고 있었을 것이다.

예수께서 부활하셨다. 베드로는 부활하신 주님을 여러차례 보았다. 그 후 그는 선생을 잃은 자기와 동료 (일곱 제자)들과 함께 갈릴리 바다로

물고기를 잡으러 돌아왔다. 밤새 물질을 했으나 한 마리도 잡지 못한 그들에게 예수께서 오셔서 물고기를 잡도록 도와주셨고 예수님을 알아본 요한의 말을 듣고 그는 바다로 뛰어내려 호수 가에 서 계신 예수께로 다가갔다. 예수께서 준비하신 아침을 먹은 후에 예수님은 베드로에게 집중적으로 질문을 하셨다. 그 마음에 박혀 있는 커다란 죄책감을 예수님은 승천하시기 전에 해결해주셔야 했었다. 왜냐면 이런 약점을 가졌지만 베드로는 역시 그는 예수님의 수제자이었고, 그는 장차 주를 위해 순교할 초대 교회의 중심 인물이었기 때문이었다. 예수님은 같은 질문, "요한의 아들 시몬아 네가 나를 사랑하느냐?"를 세번 반복하여 물으셨고, 베드로는 그 때마다 "내가 주님을 사랑하는 줄 주님이 아시나이다"라고 온맘다해 대답했다. 그러면 예수님은 "내 양을 치라"라는 사명을 주셨다. 3년 동안 함께 살며 그들을 가르치시고 훈련시키신 예수님은, 이제 천국 복음을 전하고 세상 사람들을 구하시는 사역을 12명의 제자들에게 맡기고 곧 떠나셔야 했다. 그리고 이 부족한 제자들을 이끌 지도자는 그래도 베드로 밖에 없었다. 베드로는 자기의 마음 속에 자리한 죄책감을 자기 힘으로 해결할 수 없었기에 예수님이 승천 바로 전에 해결해주신 것이다.

예수님은 자기의 눈조차 제대로 맞추지 못하는 베드로에게 매우 부드럽고 인자한 눈길 부드러운 음성으로 그가 앞으로 해야 할 일을 알려주셨다. 베드로는 일생 살면서 그 순간을 잊을 수가 없었을 것이다. 그래서 그는 자기에게 주신 사역을 완수하고 마지막으로 장엄하게 순교할 수 있었다.

   내가 태어나 성장한 세월은 지금의 잣대로 표현한다면 모든 것이 궁핍한 시절이었다. 전쟁 직후 (1953), 우리 국민 모두는 상위 1%의 부유층을 제외하고는 대충 같은 정도의 빈곤을 공유했었다. 그래서 가난은 얼굴을 가리울 챙피함이 되질 않았고 사람들사이 같은 연민을 품게해서 오히려 정많은 사회를 만들었다고 생각된다.

   기도에 온 힘을 기울이신 아버지와 보통 교인인 어머니의 자녀로 자라면서 그 두 분의 신앙 생활에 매우 부정적인 눈길을 보낸 것은 주일학교에서 배운 예수님의 말씀과 그 두 분의 실제 삶의 모습이 너무 달랐기 때문이다. 그러나 우리 부모님만 신앙이 삶 속에서 열매를 맺지 못한 것이 아니라 날카로운 사춘기 여학생의 눈으로 보았을 때 교회 모든 사람들의 삶과 신앙은 '아니올시다!'이었다. 그시절엔 사회, 정치, 경제 등 모든 분야가 미성숙의 단계이었고 교회 또한 성숙을 향해 걸어야 할 단계에 있었다. 사정이 그렇다보나 예배 중심의 교회 생활만 교인들이 할 수 있었다. 당연히 성경공부 제도도 마련되지 아니했고 정기적 구역 예배, 기도회등은 시작되지 않았다 (혹씨 내 기억이 틀릴 수도 있음). 그리스도인은 매주 주일 예배를 드리면 충분 조건이 성립되었다. 주일 저녁 예배, 수요 예배, 새벽기도회와 교회 내의 행사에 참석만 하면 믿음이 좋다고 믿어졌던 시절이었다. 그러나 우리집은 아버지의 명령하에 일주일에 한번씩 가정 예배를 드렸다. 사정이 이러하니 중학생인 나는 온통 부정적인 시각이 발견해준 교인들의 불신앙적인 태도 등 온통 비판 투성이었다. 그러다가 한 사건으로 인하여 난 일년 동안 모교회를 떠난 적이 있었다. 대학교 시절, 교회 성가대원으로 봉사했었을 때였다. 장로님의 기도가 끝나기 직전 우리는 기도송을 할려고 눈을 떴다. 교회 가운데 좌석 가장 앞자리와 그 뒷 자리에 앉으신 교회 쟁쟁한 권사님들이 돈봉투를 열심히 주고 받고 있었다. 그날 집에 가서 아버지께 난 이러이러한 이유로 당분간 S교회를 다니지 않겠다고 말하고 그 다음 주 부터 친구가 다녔던 교회에 다니기 시작했다. 그러나 일년후 다시 본 교회로 돌아와 성가대 봉사했다.

1960년대는 '무신론적 실존철학'이 전 세계를 지배하고 있었다. 교회의 비뚤어진 모습때문에 믿음 자체에 의심을 가진 나는 기회를 잡은 사람처럼 무신론적 실존철학에 몰두했다. 니체, 쇼펜하우어, 하이데거,등에 심취했다. 그러다보니 자연히 내 의식 세계에 '하나님이 정말 계실까?'라는 믿음의 기초에 대한 의문이 싹트기 시작했다. 난 그 문제를 풀기 위해 예과 과정중 배우고 있던 철학과 교수님께 그분의 전공 과목인 하이데거의 '존재와 시간' 원서 강해 시간에 청강할 수 있도록 허락을 받았다. 드디어 철학과 3학년 학생들의 전공 과목 시간에 출석했다. 교수님의 첫 강의 첫 말씀은 "하이데거는 인간은 우연히 세상에 내던져진 존재자"라고 정의했다는 것이었다. 아, 그때 난 내 존재의 가장 심오한 질문,'하나님은 정말 계신 것인가?'라는 그 질문에 답을 받았다. 세기적 철학자 하이데거가 '인간은 내던져진 존재'가 답이었다. 나의 해석은 단순했다. 하이데거의 '존재론'에 대해 아는 것이 하나도 없는 나로서는 나대로 답을 찾은 것이다. 그 답은 인간이 내던져진 존재 라면 누군가가 던져야 할 것이고 그렇다면 그 누군가는 '하나님'이라고 단순한 답이 나온 것이다. 그렇게해서 20대 초에 나는 하나님에 대한 나만의 질문에 답을 찾았다.

펜실베니아대학교 (UPENN) 대학원 과정을 다니기 위해 나는 필라델피아로 이사를 했고 그때 UPENN 근처에 있는 필라델피아 연합장로교회에 출석했다. 그 교회는 매우 신선했다. 목사님부터 엔지니어 출신이었고 교회 장로님들 대다수가 미국에 와서야 하나님을 믿었던 의사들이었다. 그때 나는 내가 꼭 풀어야 할 또 하나의 문제를 발견했다. 장로님들은 나보다 믿음의 연수는 짧지만 믿음의 깊이는 비교할 수 없을 정도였다. 그 교회는 내게 강압적으로 "예수님이 과연 나의 구세주인가?"라는 나의 문제에 답을 찾으라고 도전했다. 이사했던 가을, 그 당시 미국 미국 기독교계에서 선풍적인 열풍을 일으킨 "Basic Youth Conflicts Seminar"가 필라델피아에서 열렸다. 저녁 시간 3-4 시간, 일주일 내내 열렸던 그 모임에 우리 교회 교인들만 약 100명이 참석했고 나 또한 그들 중의 하나였다. 몇천명이 함께 불렀던 "How great thou God"의 화음은 마치 천성에서 부르는 천사들의 노래같았다. 눈물을 흘리며 모두 4중창으로 화음을 맞췄던 위대한 하나님을 향해 불렀던 찬양! 둘쨋날, 강사인 Bill Gothard (심리학자)가 인간의 성격에 대한 분석을 하며 서서히 그것과 죄를 연결시켰다. 무신론적 실존주의에 심취했었던 나로서는 죄에대한 인식이 매우 약했었다. 그때 강사는 내 성격 중 제일 가는 문제점을 이야기했다. "Bitterness". 그 당시 나는 매우 많은 것에 이 감정을 느꼈다. 강사는 bitter한 사람은 자존심이 강한 사람이라고 알려주었고 난 즉석에서 그말을 이해했다. 그리고 그는 이어서 bitter 한 사람은 자존심이 강한 사람, 즉 교만한 사람이라고 알려주면서 그것이 하나님 앞에서 큰 죄라고 알려주었다. 물론 난 그 말을 이해했고, 그 자리에서 나의 죄인됨을 인정하고 예수 그리스도를 나의 구세주로 모셔 들였다. 모태 교인으로 태어난 후 오랜 세월을 돌아 드디어 하나님의 자녀로 태어난 것이다.

아직도 암을 가지고 살아야 하는 중환자이기는 하지만, 올핸 항암 치료 사이 사이 바깥 출입을 하며 사진을 찍을 계획이다. 요즘 우리 부부는 '하루 살기'를 한다. 즉 아침에 일어나 식사하기 전 찬송을 부르고 기도를 하며 감사로 하루를 시작한다. 이런 하루가 모여 일년이 되어도 좋고 5년이 되면 더 좋고, 뭐, 이렇게 살고 있다. 하나님이 부르시는 날도 이런 하루 중 하나가 될 것이기에 평안하게 살고 있다. 76년의 세월을 꽤나 긴장하며 나를 위하여 무언가를 이루며 살아왔으니, 이제는 '하나님 바라기' 살기로 마음을 다진다.

그렇게 허락해주심을 믿고 요즘 암 환자로써 최선을 다하며 살고 있다. 며칠 전 하루동안 했던 일을 적어본다면, 교회 천사팀원들과 환자를 심방했고; 오후엔 봄 사진을 찍으러 동네 농장 지대로 나갔다. 더디오는 봄 때문에 아직 나무들은 꽃잎도, 새 잎사귀도 없이 기나긴 겨울을 겪어 낸 앙상한 몸매로 처량했다. 하여 꽃 사진은 포기하고, 파란 하늘과 둥둥 떠 다니는 구름과 들판 사진을 찍었다. 저녁 무렵엔 곧 내 책을 인쇄할 출판사에게 질문을 담은 email을 보냈고 틈새 시간엔 Financial Advisor와 재정 문제를 상의했다.

그리고 3월 둘째 주일에는 사랑방 식구 중 두 분의 권사님과 함께 예배 시간에 특송을 했다. 암을 앓으며 내게 큰 힘이 되었던 '귀하신 주여 날 붙드사' 찬송과 '경배하리 경배하리 나 사는 동안 주께 경배해'를 메들리로 붙여 노래했다. 많은 교인들의 기도를 집중적으로 받으며 일년을 보낸 암 환자로써 기도팀들에게 "나, 이렇게 살아 있어요. 여러분들의 기도, 감사해요" 라는 메시지를 주고 싶었다.

이렇게 하루 하루를 살아내는 것, 암을 견디어 내는 것이 나의 하루 과제다. 이런 일들은 암을 앓기 전에는 '누워서 떡 먹기'의 일상이었는데, 요즘은 하루에 한 개도 제대로 못하고 힘들어하는 날들이 자주 있다. 그저께는 책상 정리를 조금 하고 나서 한나절을 누워 힘들어 했다. 이렇게 나같은 암환자는 한치 앞을 내다볼 수가 없다. 그래도 하루 하루 하나님과 눈 맞추며, 마음 맞추며, 살려고 노력하고 있고 또 노력할 결심이다.

여호와는
나의 목자시니
내게
부족함이 없으리로다.